Siegfried Genthe

Der persische Meerbusen

Geschichte und Morphologie

Siegfried Genthe

Der persische Meerbusen
Geschichte und Morphologie

ISBN/EAN: 9783743661349

Hergestellt in Europa, USA, Kanada, Australien, Japan

Cover: Foto ©ninafisch / pixelio.de

Weitere Bücher finden Sie auf **www.hansebooks.com**

Siegfried Genthe:

Der Persische Meerbusen.

1896.

DER
Persische Meerbusen.

GESCHICHTE UND MORPHOLOGIE.

INAUGURALDISSERTATION

ZUR ERLANGUNG DER DOKTORWÜRDE
EINER HOHEN PHILOSOPHISCHEN FAKULTÄT ZU MARBURG

VORGELEGT VON

SIEGFRIED GENTHE

AUS HAMBURG.

Mit einer Tiefenkarte in 1 : 2 500 000 und zwei Tafeln.

MARBURG 1896.

Von der philosophischen Fakultät als Dissertation angenommen am 30. Juli 1896.

Druck von Gebrüder Knauer in Frankfurt a. M.

Inhaltsübersicht.

	Seite
Vorbemerkung	1
Abkürzungen	4
I. Weltstellung und handelsgeschichtliche Bedeutung	4
II. Name	26
III. Morphologie	32
1. Grenzen und Grössenverhältnisse	32
2. Entstehung und geologische Uebersicht	38
3. Küstengestaltung	49
Persische Küste	49
Arabisches Gegengestade	51
Schwemmlandküste	54
Verlandung	56
Delta	59
4. Tiefenverhältnisse	62
Anhang	67
Zusätze	67
Bibliographie des Persischen Meerbusens. 1896	71
Verzeichniss der wichtigeren Inseln des Persischen Meerbusens	87
Geographisches Namenverzeichniss mit Darstellung der Schreibung in der Ursprache	89
Nachtrag	95

Tafel I: Querschnitte.
  „ II: Kartenskizze der Straße von Harmûs in 1:1 000 000.
  „ III: Tiefenkarte des Persischen Meerbusens in 1:2 500 000.

Der Persische Meerbusen.
Geschichte und Morphologie.

Von

Siegfried Genthe.

Mit einer Tiefenkarte.

Vorbemerkung.

Ueber den geographisch wie geschichtlich so bedeutsamen Persischen Meerbusen liegt bis jetzt nur eine sehr geringe Litteratur vor. Meines Wissens finden sich in dem gesamten geographischen Schriftthum nur die folgenden drei Arbeiten: das „Geo-hydrographische Memoir zur Erklärung und Erläuterung der reducirten Karte vom Persischen Golf", das Heinrich Berghaus 1832 dem zwölften Blatt seines „Atlas von Asia" beigab; ferner der vom Hydrographischen Amt der britischen Admiralität herausgegebene „Persian Gulf Pilot, comprising the Persian Gulf, Gulf of 'Omán, and Makrán Coast" 1864, der seit 1890 in dritter Auflage als Band von über 300 Seiten vorliegt, und schliesslich das Werk des Obersten Sir Lewis Pelly, früheren britischen Residenten in Bûschar (Bushire), „Report on the Tribes, Trade and Resources around of the Shoreline of the Persian Gulf", das 1874 in Kalkutta erschien. Keins von diesen Büchern giebt eine erschöpfende Darstellung des Persischen Meeres. Pellys Buch ist rein völkerkundlich und handelsgeschichtlich, das englische Segelhandbuch dient nur seemännischen Zwecken und auch Berghauseus Arbeit ist im wesentlichen nichts als ein Auszug aus dem „India Directory", das Kapitän Horsburgh 1806 in London herausgab, enthält daher ausser sehr kurz gefassten, überdies veralteten Bemerkungen über Geologie und Klima eingehende Ausführungen nur über Küstengestaltung und Ansegelung. An einer Gesamtdarstellung fehlt es also noch heute. Am meisten haben noch einzelne Inseln Beachtung gefunden, so besonders das altberühmte Harmûs (Ormuz) und die Perlenfischerinseln Bahrein. Die übrige Litteratur ist nur geringfügig und ausserordentlich zerstreut in schwer zugänglichen Zeitschriften, wie den Transactions of the Geographical Society of Bombay, Journal of the Bombay Branch of the Royal Asiatic Society, Journal of the Asiatic Society of Bengal und den Records of the Geological Survey of India. Auch der vorliegende Versuch konnte es sich nicht zur Aufgabe machen, der hervorragenden erdgeschichtlichen Bedeutung, der bunten vielbewegten Geschichte und der zukünftigen politischen und handelsgeschichtlichen Rolle des Persischen Meerbusens in gleicher Weise gerecht zu werden; nur ein Anfang dazu sollte mit dieser kurzen Darstellung der geographischen und geschichtlichen Grundlagen gemacht werden. Zu einer Bearbeitung der Physik des Meeres reichen die einstweilen noch spärlichen Beiträge nicht aus, die die Annalen der Hydrographie, die Zeitschrift für Meteorologie, die Deutschen überseeischen meteorologischen Beobachtungen, gesammelt und herausgegeben von der Deutschen Seewarte, und andere Fachblätter dazu geliefert haben.

Sehr erleichtert wurde mir meine Aufgabe durch die liebenswürdige Unterstützung, die mir bei der Beschaffung und Verarbeitung des weitverstreuten und vielsprachigen Materials von verschiedenen Seiten zu Theil geworden ist. Vor allen bin ich meinem hochverehrten Lehrer, Herrn Professor Theobald Fischer zu grossem Dank verpflichtet für die Anregung und vielseitige Förderung bei dieser Arbeit. Ferner spreche ich auch an dieser Stelle meinen verbindlichsten Dank aus Herrn Wirklichen Geheimen Admiralitätsrath Neumayer, der mir die Benutzung der Bücher- und Kartensammlung der Deutschen Seewarte gütigst gestattete; dem Sekretär der Statistischen Abtheilung im Indischen Amt zu London Sir Charles E. Bernard K. C. S. I., der die Güte hatte, mir den Verwaltungsbericht der britischen Residentschaft im Persischen Meerbusen zu überweisen; dem Chefdirektor des Indo-Europäischen Telegraphen im Indischen Amt Herrn B. T. Ffinch, der mir liebenswürdiger Weise Sonderabzüge aus dem Journal of the

Asiatic Society of Bengal besorgen liess; dem Herrn Obergeometer Stück vom Vermessungsbureau der Stadt Hamburg für die ausserordentlich liebenswürdige Unterstützung bei der Ausführung meiner polarplanimetrischen Berechnung des Flächeninhalts. Für freundlichst ertheilte Auskunft bin ich sehr verbunden den Herren W. Andrews, geschäftsführendem Direktor der Indo-European Telegraph Company Limited zu London; T. Belfante, Viceconsul des Deutschen Reichs zu Iskanderûn (Alexandrette); A. Gabler, britischem Residenten a. D., H. Gabler vom Persian Gulf Telegraph Department zu Fau und dem Residenten Ihrer britannischen Majestät im Persischen Meerbusen Herrn Obersten Wilson in Bûschar. —

Besondere Sorgfalt habe ich auf die Schreibung der arabischen und persischen Namen verwandt. Zwar habe ich nicht den Versuch gemacht, eine wissenschaftliche Transscription der Namen zu geben, die den Ansprüchen der Orientalisten genügen könnte. Denn auch in den Kreisen der Sprachgelehrten giebt es ja noch keine allgemein anerkannte Umschreibung für morgenländische Namen, da das neue, am 10. September 1894 auf dem Congress in Genf festgesetzte Transscriptionsalphabet noch nicht in Kraft getreten ist. Ich habe mich daher bemüht, in möglichst schlichter Weise die fremden Namen so darzustellen, dass bei unbefangenem Lesen nach norddeutscher Aussprache der richtige Laut der einfachen Wortbilder annähernd genau erreicht wird. Vor allem musste dabei mit dem Unfug aufgehört werden, mitten im deutschen Text Buchstaben mit englischem oder französischem Lautwerth anzuwenden, damit die üblichen Aussprachefehler wie Schiratz statt Schirâs, Ormutz statt Harmûs, Nejed statt Nedschd vermieden werden. Allerdings kann bei einem so einfachen Verfahren mit den unzureichenden Mitteln unseres Alphabets das soviel lautreichere arabisch-persische Lautsystem nie richtig dargestellt werden. Ich habe daher zur Nachprüfung für den Sprachkenner im Anhang in einem besonderen Verzeichniss alle Namen, deren landesübliche Schreibung sich zuverlässig ermitteln liess, in der Urschrift gegeben. Im Uebrigen sei nur bemerkt, dass langes persisches â etwa wie schwedisches å klingt, kurzes a wie das englische a in man, dass s ein weicher tönender Zischlaut wie in lesen sein soll, gh der Reibekehllaut, wie er in norddeutscher Aussprache von wagen zu hören ist, ch der tonlose Kehllaut wie in lachen; dass schliesslich alle Vokale ohne Längezeichen (ˉ) kurz zu sprechen und alle persischen Wörter auf der letzten Silbe oder dem letzten langen Vokal zu betonen sind. —

Die beigefügte Tiefenkarte macht zum ersten Mal den Versuch, auf Grund der besten und neuesten Quellen den Verlauf der wichtigsten Isobathen zu veranschaulichen. Zu Grunde lagen dabei die neuesten Ausgaben der britischen Admiralitätskarten No. 2837a und 2837b im Maassstab von 1:1003000, die in winkeltreuer Cylinderprojektion auf 1:2500000 reducirt wurden.

Abkürzungen.

AH. = Annalen der Hydrographie und maritimen Meteorologie.
IOD. = Indian Ocean Directory.
JA. = Journal Asiatique.
JAS. = Journal of the Asiatic Society of Bengal, Calcutta.
JRAS. = Journal of the Royal Asiatic Society.
K. = Karte, Kk. = Karten.
PG. = Persian Gulf.
PGP. = Persian Gulf Pilot.
PM. = Petermanns Mitteilungen.
PMb. = Persischer Meerbusen.
PME. = Ergänzungsheft zu PM.
PRGS. = Proceedings of the Royal Geographical Society, London.
QJGeolS. = Quarterly Journal of the Geological Society, London.
RGeolSIndia. = Records of the Geological Survey of India, Calcutta.
TBombGS. = Transactions of the Bombay Geographical Society.
VGEBerlin = Verhandlungen der Gesellschaft für Erdkunde.
ZDMG. = Zeitschrift der Deutschen Morgenländischen Gesellschaft.
ZM. = Zeitschrift für Meteorologie.

I. Weltstellung und handelsgeschichtliche Bedeutung.

Der ungeheure Wüstengürtel, der sich vom Cap Dschûbi an über die Ssahrâ und die arabische Tafel bis zur Gobi zieht, hat zwischen den Kulturländern des Mittelmeers auf der einen und Afrika, Arabien und der indisch-chinesischen Welt auf der andern Seite eine geschichtlich wie geographisch gleich bedeutungsvolle Trennung bewirkt.

Gründlicher, als je Meer oder Gebirge es vermocht hätten, hat diese absperrende Wüstenfläche die Beziehungen zwischen dem Norden und dem Süden der Alten Welt derart erschwert, dass durch die Jahrhunderte bis auf den heutigen Tag noch eine Reihe selbständiger Gebiete sich dem Einfluss des mediterranen Kulturkreises völlig entziehen konnten, wofür neben anderem die erst neuerdings aufgedeckte Kultur der uralten südarabischen Reiche einen weiteren überraschenden Beweis gebracht hat. An drei Stellen nur erscheint dieser Trennungsgürtel von Aufschliessungslinien durchschnitten, die in gleicher Richtung von NW nach SO die Anbahnung von Beziehungen ermöglicht haben: der Nil, das Rothe Meer und der Persische Meerbusen sind es, denen es die mittelländische Kultur verdankt, dass sie weit über die Länder ihres Ursprungs hinaus zu weltbeherrschender Stellung gelangte, dass selbst die abgeschlossensten, selbständigsten Kulturländer, wie die Ostasiens, schliesslich ihrem Einfluss unterliegen mussten. Weit mehr als das Nilthal, dessen Erschliessungswirksamkeit kaum bis zum Hochland von Abessinien reicht, hat das Rothe Meer geleistet als völkerverbindende Wasserstrasse, die heute, wo der Kanal von Ssuêss ihre Bedeutung in ungeahnter Weise gehoben hat, wo die politischen Interessen der grossen Handelsnationen Europas in Wettbewerb und Eifersucht an ihren Ufern zusammentreffen, überhaupt zum ersten Seeverkehrsweg geworden ist, dessen Herr zu werden und zu bleiben jetzt eine Hauptaufgabe des augenblicklich grössten Handelsvolkes der Erde bildet.

Bedeutsamer noch durch seine geographische Lage, sowie durch seine wechselvolle geschichtliche Vergangenheit ist der Persische Meerbusen, der als Welthandelsstrasse zu nicht geringer Bedeutung berufen ist. Während der grosse Grabenbruch des Rothen Meeres noch ganz innerhalb der afrikanischen Scholle liegt und seine grosse Vermittlungsrolle nur der grösseren Nähe des Mittelmeeres verdankt, erstreckt sich der Persische Meerbusen auf der bedeutungsvollen tektonischen Grenze zwischen Indo-Afrika und Eurasien und vermittelt so nicht nur zwischen dem afrikanischen und asiatischen Erdtheil, sondern zielt durch seine Richtung sowohl wie durch seine Fortsetzung in der Alluvialebene des Zweistromlandes auf die Verbindung mit der Levante und Europa. Und in der That ist der Persische Meerbusen zu allen Zeiten ein wichtiger Theil der grossen Verkehrsstrasse zwischen Europa und Asien gewesen. Es ist kein Zufall, dass man die Wiege des grössten Handelsvolks der Vorzeit an seinen Ufern gesucht hat. Wenn wir heute auch die vieldeutigen Angaben von Herodotos[1]) und Justinus[2]) über die Urheimath der Phönizier nicht mehr mit Sicherheit auf das Persermeer beziehen dürfen,[3]) so scheint doch aus den Inschriften, die französische und vor allen deutsche Gelehrte in Inner- und Südarabien gefunden und verarbeitet haben, eine Bestätigung der alten Nachrichten von der grossen Bedeutung der arabischen Ostküste hervorzugehen. Was Herodotos, Agatharchides und Ptolemaios über Gerrhae, das man in Al Katan zu suchen hat[4]), und zahlreiche andere reiche Handelsstädte an dieser Küste berichten, erscheint damit in ganz neuem Licht, in dem auch Glasers Versuch, das alte vielbesprochene, in den verschiedensten Ländern gesuchte Goldland Ôphir hierher zu verlegen[5]), auf Beachtung Anspruch machen kann. Wie Phönizier, Nabatäer, Assyrer und Babylonier hier ihrem Handel nachgingen, so haben auch alle späteren grossen Handelsvölker, wie Griechen, Araber, Venezianer, Genuesen, Portugiesen, Holländer und Engländer hier Fuss zu fassen gesucht. Und wenn heute britische Staatsmänner und Kaufleute durch Anlage von Faktoreien und Konsulaten, Telegraphen und Verkehrswegen an der persischen Südküste englischen Einfluss vorherrschend machen wollen, wenn die British India Steam Navigation Company alle acht Tage ihre Dampfer von Karâtschi (mit Anschluß von Bombay) die persischen Häfen anlaufen und in die Flüsse bis Baghdâd und Ahwâs hinaufgehen lässt, wenn die grossen politischen Blätter

---

[1]) Herodotos I. 2, VII. 98, 99, 100, 128.
[2]) Justinus XVIII. 3, 2—3.
[3]) Im Gegensatz zu Ernest Renan, Histoire des langues sémitiques. Paris 1858, 183 und George Rawlinson, History of Phoenicia. London 1889. 21, 53 siehe Richard Pietschmann: Geschichte der Phönizier. Berlin (Onckens Allgemeine Geschichte) 1889. 112—126.
[4]) A. Sprenger: Alte Geographie Arabiens. Bern 1875 § 171, und Eduard Glaser: Skizze der Geschichte und Geographie Arabiens. Berlin 1890. II. 253.
[5]) Glaser a. a. O. II. 350 ff. Vergl. dazu W. Max Müller: Europa und Asien 1893. 111. P. Jensen, Z. f. Assyriologie 10. 1895. 324 ff. — Sprenger: ZDMG. 44. 1890. 515 ff.

Londons beim Tode des Schahs Nâssir-ud-Dîn im Jahre 1896 schon ziemlich deutlich von einer Besetzung der Küstenländer Irâns im Anschluß an die Wegnahme von Bahrein und Al Katr sprachen, so reden alle diese Bemühungen und Anzeichen deutlich genug für die über alle augenblicklichen politischen Verhältnisse erhabene dauernde Bedeutung des Persischen Meerbusens als Welthandelsstrasse.

Schon in den ältesten Ueberlieferungen der Menschheit tritt uns der Persische Meerbusen entgegen: was er im Verein mit Euphrat und Tigris den Babyloniern war, spricht sich in der vorgeschichtlichen Sage von Oannes[1] aus, jenem Wundergeschöpf, von dem uns Bêrôssos, der alte babylonische Priester und Geschichtschreiber, erzählt, er sei als Fischmensch dem Persischen Meerbusen, ἐκ τῆς ἐρυθρᾶς θαλάσσης, entstiegen und habe den ersten Menschen Erziehung, Kultur und Wissenschaft gebracht. So rückhaltlos wird in diesem kindlichen Bericht des frommen Schreibers dem Persischen Meere in jener persönlichen Verkörperung Dank gezollt als der Quelle alles Fortschritts und aller Bildung, dass ausdrücklich versichert wird ἀπὸ δὲ τοῦ χρόνου ἐκείνου οὐδὲν ἄλλο περισσὸν εὑρεθῆναι. Und gewiss haben die Gezeiten des Meerbusens Veranlassung gegeben zu den ersten astronomischen und mathematischen Versuchen, die später zu solcher Blüthe in Babylonien und Chaldaea gelangen sollten; gewiss haben die regelmässigen Ueberschwemmungen des Schatt al Arabs den Menschen des allzu fruchtbaren Schwemmlandes aus gefährlichem dolce far niente aufgerüttelt und seinen schlummernden Scharfsinn zu heilsamen Erfindungen geweckt. Und als ebenso sicher dürfen wir annehmen, dass schon in den frühesten Zeiten der Schifffahrt der Persische Meerbusen den Handel ermöglichte, der Babylon mit indischem Gewürz und Elfenbein wie mit Perlen von den Bahrein-Inseln versah und wiederum die mannigfachen Erzeugnisse des Zweistromlandes, in erster Linie die berühmten Teppiche Babels, in die Welt hinaustrug.

Von dem andern, vielfach so ähnlichen Kulturland der ältesten Geschichte, vom Nillande, lässt sich aus den vorhandenen

---

[1] Βηρώσσου Βαβυλωνιακά bei Carl Müller: Fragmenta histor. Graecorum. Paris 1848. 2. 496.

Denkmälern nicht mit Bestimmtheit nachweisen, dass Beziehungen zum Persischen Meerbusen bestanden haben.[1]) Zwar heisst es vom König Thutmosis dem Ersten (18. Dynastie, zweites Jahrtausend v. Chr.) auf einer Felseninschrift[2]) gegenüber der Insel Tombos „vom Eufrat bis zum dritten Katarakt erstreckt sich die Macht des Herrschers"; auch wissen wir von der Königin Hatschepsut (Ḥáčepsut), dass sie einen Zug ausrüsten liess ins Land Punt, die Heimath des Weihrauchs, worunter wir nach Lepsius[3]) Südarabien und die Ssomáliküste zu verstehen haben, — aber es bleibt nur eine Vermuthung, dass sich noch weiter nach Osten die Tauschgeschäfte erstreckten,[4]) geleitet vielleicht durch die Bewohner der arabischen Küsten, die, solange sie in der Geschichte bekannt sind, stets den Handel im westlichen Teil des Indischen Oceans vermittelt haben.

Hat so der Persische Meerbusen schon in den ältesten Urkunden der Menschheit seine Spuren hinterlassen, hat er selbst durch die biblische Sintfluthsage[5]) in der christlich-jüdischen Kosmographie einen Platz gefunden, so tritt die Bedeutung seiner Lage immer mehr hervor, je mehr wir den festeren Boden geschichtlicher Thatsachen betreten. Allerdings sind es nicht gerade häufige oder sehr bestimmte Nachrichten, die uns Kunde geben von der handelvermittelnden Rolle, die der Meerbusen im Verkehr der alten Völker gespielt hat; aber aus den spärlichen, über die Jahrhunderte hin verstreuten Meldungen und Andeutungen können wir immerhin die Ueberzeugung gewinnen, dass der Persische Meerbusen als Handelsstraße zwischen den vorderasiatischen Kulturländern und dem weiteren Süden

---

[1]) W. Max Müller: Afrika und Asien nach altägyptischen Denkmälern. Leipzig 1894. 281 ff. Dazu P. Jensen: Zeitschrift für Assyriologie 10. 1895.

[2]) Richard Lepsius: Denkmäler aus Aegypten und Aethiopien. Berlin 1849 ff. 3, 16a. — Eduard Meyer: Geschichte des alten Aegyptens. Berlin (Onckens Allgemeine Geschichte) 231.

[3]) Lepsius, Denkmäler 2. Einleitung XCVIII, und ders.: Nubische Grammatik mit einer Einleitung über die Völker und Sprachen Afrikas. Berlin 1880. Einleitung XCIX.

[4]) Eduard Meyer: Geschichte des alten Aegyptens. Berlin 1887 III. 2. 228 ff. — W. Max Müller, a. a. O. 267.

[5]) Eduard Suess: Die Sintfluth. Prag 1883. — Richard Andree Die Fluthsagen. Eine ethnographische Betrachtung. Braunschweig 1891.

und Südosten Asiens an Bedeutung dem Rothen Meer und den grossen Ueberlandstrassen nicht nachstand. Ist es doch sehr wahrscheinlich, dass die Karawanenwege von Halab (Aleppo) nach Bassra, durch den Meerbusen hinab zur arabischen Küste und weiter hinunter nach Indien zu den ältesten Strassen der Welt gehören.[1]) Noch heute geht dort der Waarenverkehr in derselben Weise vor sich, wie sie Plinius schon vor achtzehnhundert Jahren schilderte. Noch heute ist Halab am Ausgangspunkt der grossen Strasse zwischen Schatt al Arab und Mittelmeer ein ungemein wichtiger Knotenpunkt, von dessen ununterbrochener Herrschaft die Ueberreste der alten venezianisch-fränkischen Siedlung[2]) erzählen, die noch heute in der Stadt eine eigene Fundique[3]) besitzt. Ohne Zweifel haben die Araber, die auf drei Seiten ihrer Halbinsel vom Meer umgeben waren und weder durch Religion noch sonstige Vorurtheile der Ueberlieferung sich von Handel und Seeverkehr zurückgehalten sahen, von Omân aus als eines ihrer ersten Ziele die Küste von Makrân und Lâristân ins Auge gefasst, die an vielen Stellen nicht viel über 60 km entfernt liegt und, wie schon Strabon[4]) bemerkt, mit blossem Auge sichtbar ist. Bei dem Geschick, das alle semitischen Völker von jeher für Handelsunternehmungen und wagemuthige Erschliessung neuer Erwerbsquellen bethätigt haben, beherrschten sie sicherlich schon lange den Verkehr von Indien nach Mesopotamien, von Arabien nach Persien, ehe uns die Geschichte erzählt von Tiglatpilessers des Dritten Unterwerfung der Chattia (732 vor Chr.) an der „Grenze der Länder des Westens, die niemand kennt, deren Lage fern ist (Ostarabien), mit Gold, Silber, Kamelen und Kamelinnen wie zahlreichen Spezereien aller Art"[5]), ehe wir hören von den weitblickenden Plänen des Chaldäerkönigs Nebukadnezar, der als Mehrer des vom Vater ererbten Weltreichs den fruchtbaren Gedanken fasste,

---

[1]) William Vincent: The Periplus of the Erythraean Sea. London 1800. I. 60 f.

[2]) Carl Ritter: Vergleichende Erdkunde der Sinai-Halbinsel, von Palästina und Syrien. Berlin 1855. 1753.

[3]) Vgl. die italienische Bezeichnung fondaco für ähnliche Anstalten, Waarenlager und Karawanssarai, wie der Fondaco dei Tedeschi in Venedig.

[4]) Siehe auch Ammianus Marcellinus XXIII 6; 10 f.

[5]) Fritz Hommel: Assyrische Geschichte (Oncken) 665.

den Gewinn des egyptisch-indischen und des indisch-phönikischen Durchgangshandels seinem Reiche zukommen zu lassen durch Anlage eigener Stapelplätze am Persischen Meerbusen.¹) Seit sein Sieg über Necho von Egypten ihm Syrien unterthan gemacht hatte, war er in der That im Stande, mit Hülfe des Persischen Meerbusens den ganzen Levantehandel in seine Hände zu bringen. Dass ihm das auch gelang, sehen wir aus einer Nachricht des Propheten Jecheskiel, der ein Verzeichniss von Einfuhrwaaren giebt, die auf dem Stapelmarkt von Tyrus zusammenströmten. Da werden persische Goldbrokate, kostbare Reitdecken und Söldner aus „Pâras" פָּרָס (Persien) genannt und viele andere Waaren, wie indische Gewürze und edle Steine, Elfenbein und Ebenholz, die ihren Weg durch den Meerbusen genommen haben mussten.²)

Mit dem Sturz des chaldäischen Reichs scheint auch dieser Tauschhandel seinen grossen Massstab verloren zu haben; zwar setzen sich die Babylonier in Gerrhae fest, aber erst zwei Jahrhunderte später sehen wir an den Ufern des Persischen Meeres sich eine ähnlich rege Thätigkeit wie unter Nebukadnezar entfalten. Es war der grösste Feldherr und Eroberer des Alterthums, der den ausserordentlichen Werth dieses Wasserweges erkannte und sich für seine weltumspannenden Pläne nutzbar machen wollte: Alexander der Grosse trug sich, wie Arrianos erzählt, mit dem grossartigen Plan einer vollständigen Kolonisation der Nordküste des Meerbusens und der Sicherung eines Handelsweges von Indien nach Syrien und Alexandria. Als die Empörung seiner Truppen am Dschelam (Hydaspes) den beabsichtigten Zug in die Gangesebene vereitelt hatte, blieb ihm noch die nicht minder vornehme Aufgabe einer Verbindung zwischen den Indusmündungen und Vorderasien. Es ist bekannt, wie er selbst zu diesem Zweck den Landweg durch Makrân und Fârssistân wählte, den wichtigeren Theil der Erforschung aber seinem kretischen Jugendfreunde Nearchos, ehemaligem Statt-

---

¹) Max Duncker: Geschichte des Alterthums. Leipzig 1878. 1. 851.
²) Hesekiel 27. 15—20. Vincent will den Vers 15 genannten Ort Dedân דְּדָן am PMb. bei Mussendim suchen; das ist aber ebenso unsicher wie die Lage von Raĕmâ רַעְמָה in Süd-Arabien. Glaser 1890. 2. 391 verlegt umgekehrt Dedân an die Küste von Hidschâs und Raĕmâ nach Ostarabien.

halter von Lykien, übertrug, der sich schon als Führer der Flotte den Dschelam hinab gut bewährt hatte. Alle Vorbedingungen für das schwierige Unternehmen waren erfüllt: Bauholz lieferten die Südabhänge des Himâlaya, seetüchtige Schiffsbesatzung stellten die Inselgriechen, Karen, Phönizier, Egypter, die in seinem Heere dienten,[1]) und so würde das sorgfältig vorbereitete und geleitete Unternehmen zweifellos auch die entsprechenden Früchte getragen haben, wenn nicht Alexanders vorzeitiger Tod dem Ganzen die Seele genommen und seinen Thron ohne fähigen Nachfolger gelassen hätte. Von der Gründlichkeit der Beobachtungen und Vorbereitungen zeugt der Bericht des Admirals, wie er als Ἀνάπλους τῶν ἐξ Ἰνδῶν ἀποσταλέντων ὑπὸ Ἀλεξάνδρου — so lautet die ursprüngliche Ueberschrift des Schiffstagebuches[2]) — in der Anabasis von Arrianos[3]) erhalten ist; und je mehr wir die gewissenhaften Grundlagen des Zuges bewundern, um so mehr müssen wir bedauern, dass der sichere Erfolg so traurig vereitelt werden musste.

In den nächsten drei Jahrhunderten meldet uns keine bestimmte Ueberlieferung von dem Fortbestehen der regen Beziehungen zwischen Europa, Arabien und Indien. Zwar lässt die Nachprüfung, die Nearchs Forschungsergebnisse erfahren haben durch Androsthenes von Thasos[4]), Orthagoras, Archias und den Steuermann Hiero von Soli[5]), deren Fahrten Eratosthenes erwähnt, vermuthen, daß Alexanders Nachfolger den Persischen Meerbusen nicht aus dem Auge verloren; aber ein deutliches Zeugniss für die fortbestehende Bedeutung seiner Wasserstrasse finden wir erst wieder im ersten nachchristlichen Jahrhundert, in dem Περίπλους τῆς ἐρυθρᾶς θαλάσσης, den ein

---

[1]) Wilhelm Tomaschek: Topographische Erläuterung der Küstenfahrt Nearchs vom Indus bis zum Euphrat. Sitzungsberichte der philos. histor. Classe der Kaiserl. Akademie der Wissenschaften. Wien 1890. 121. Band 88.

[2]) In dieser Form als Bericht von Onesikritos, dem Obersteuermann der Flotte, bei Theophrastos, Hist. plant. IV. 7. 3. Vgl. Tomaschek a. a. O.

[3]) Indike cap. 19 ff. — Anabasis, Ausgabe Müllers in den Geographi Graeci minores VI. 1.

[4]) Bei Strabon XVII. C 765 f.

[5]) Alexandri Magni historiarum scriptores aetate suppares. ed R. Geier. Leipzig 1844. 341 f. — Die geographischen Fragmente des Eratosthenes. Hg. von Hugo Berger, Leipzig 1880. 3. 273. — Hugo Berger: Die wissenschaftliche Geographie der Griechen. Leipzig 1893. 3. 58.

egyptischer Kaufmann über seine Fahrt durchs arabische Meer nach Indien hinterlassen hat.¹) Seine Schrift, die sonst durchaus nur die Hand eines ungelehrten, wenig schriftgewandten Mannes verräth, giebt uns inmitten zahlreicher Irrthümer und Ungenauigkeiten ein Verzeichnis der Ausfuhrwaaren des Persischen Meerbusens, das wir wohl für zuverlässig halten dürfen, da sich der Verfasser wenigstens überall als erfahrener Seemann und umsichtiger Kaufmann zeigt. Danach gab es auch noch zu seiner Zeit einen lebhaften Handel zwischen Egypten, Arabien, Indien und Persien. Kupfer, Hölzer zum Schiffs- und Häuserbau, Schmuckhölzer wie Sandel- und Ebenholz, werden eingeführt; Stoffe aus den Fäden der Steckmuschel, einheimische Prachtgewänder, Purpur, Perlen, Wein, Datteln, Gold und Sklaven stehen auf der Ausfuhrliste²) — alles Gegenstände, die den Wohlstand und die Bildung der betheiligten Handelsvölker errathen lassen.

Ein Austauschverkehr und Durchgangshandel dieser Art wird den Persischen Golf auch belebt haben in der Folgezeit, aus der uns keine sicheren Nachrichten vorliegen. Denn die griechischen und römischen Schriftsteller der Kaiserzeit, Plinius, Pomponius Mela, Klaudios Ptolemaios, Ammianus Marcellinus bringen nur so dürftige Angaben, dass kaum an bedeutendere Beziehungen zwischen dem römischen Reich und den Gestadeländern des Meerbusens gedacht werden kann. Andrerseits aber lassen die Berichte der arabischen und persischen Reisenden aus den ersten Jahrhunderten des Isslâms auf eine solche Blüthe des Handels schliessen, daß eine Unterbrechung des Tauschverkehrs zwischen Indien und den vorderasiatischen Ländern nicht wahrscheinlich erscheint. Dass unter anderem der Seidenhandel von China und Ceylon über Persien zu allen Zeiten sehr bedeutend gewesen und im Durchgang nach Vorderasien und Europa stets, zumal nachdem im zehnten Jahrhundert durch den Sturz des Herrscherhauses Tang den Chinesen das Tarim-Becken verloren gegangen war,³) in den Händen der Perser lag, ist eine Thatsache, die auch auf die Rolle des Persischen Meerbusens Schlüsse gestattet. Wenn Theodosius II. von Byzanz

---

¹) Näheres im Anhang, Zusatz 3.
²) Siehe diese Liste im Anhang, Zusatz 4.
³) Ferdinand von Richthofen. VGEBerlin 1877. 96.

im Jahre 410 mit den Persern verschiedene Zoll- und Durchgangsplätze verabredet[1]), an denen allein den Byzantinern die chinesische und indische Seide verkauft werden soll, und als südlichsten Markt die Stadt Kallinikon am Euphrat bestimmt, deren günstige Lage für den Handel auch Ammianus Marcellinus[2]) rühmt, so geht daraus wohl mit Sicherheit hervor, dass neben den uralten Ueberlandstrassen südlich vom Kaspischen Meer auch die Wasserwege an der Küste Indiens entlang bis zur Euphratmündung nicht verödeten, solange die üppigen Höfe der Byzantiner und der Ssâssâniden ihren grossen Bedarf an Seidenstoffen durch Einfuhr aus dem Ausland decken mussten.[3]) Selbst als man mit Mühe und List den Chinesen das Geheimniss des Seidenbaues abgesehen und eigene Züchtereien im griechischen Reich und in Persien angelegt hatte, war der persische Seidenhandel noch so bedeutend, dass es Kaiser Justinian nicht gelang, den Geldsegen dieses lebhaften Durchgangsverkehrs den ihm verfeindeten ssâssânidischen Persern zu nehmen und den befreundeten Ethiopiern zuzuwenden[4]); denn es zeigte sich gar bald, dass die wirklichen Herren des Marktes an den indischen Verschiffungshäfen, wo nach des Kaisers Plan die Ethiopier für Byzanz die Seide einkaufen sollten, die Perser waren, die sich als altgewohnte Kunden nicht so leicht von einem Wettbewerber verdrängen liessen. Zwar erzählt ein Jahrhundert später der chinesische Pilger Hiuen Thsang, der auf seiner Reise zu den buddhistischen Glaubensgenossen in Indien an der Ostgrenze Persiens vorbeizog, von Seidenzucht und Seidenverarbeitung im Lande der Ssâssâniden[5]), aber es ist nicht anzunehmen, dass diese ersten Anfänge einheimischer Gewerbethätigkeit den unersättlichen Bedürfnissen des Hofes hätten gerecht und so der Einfuhr fremder Seide hätten verderblich werden können. Der arabisch-persische Geschichtsschreiber Tabarî berichtet in seiner

---

[1]) Zachariae in Mémoires de l'Académie de St. Pétersbourg. 7. 1865. vol. 9. 5. Heyd.

[2]) Ammianus XXIII. 3.

[3]) Wilhelm Heyd: Geschichte des Levantehandels im Mittelalter. Stuttgart 1879. I. 7 ff.

[4]) Procopius de bello persico I. 20. Heyd.

[5]) Sein Bericht stammt etwa vom Jahre 630. Vgl. Buddhist Records of the Western World. Translated from the Chinese by Samuel Beal. London 1885. Trübner's Oriental Series.

berühmten Chronik von den unermesslichen Schätzen, die bei der Eroberung der Perserhauptstadt Madâin (Ktesiphon) durch Ssad, der für den Chalifen Omar Persien eroberte, in die Hände der beutegierigen Araber fielen. Die kostbarsten und prunkvollsten Erzeugnisse des Kunstgewerbes aller Länder, unendliche Massen von wohlriechenden Stoffen, edle Gesteine, Edelmetalle waren im Palaste Yesdigerds und in eignen Lagerhäusern aufgespeichert. Darunter Perlen von den Bahrein-Inseln, Ambra aus Hinterindien, Moschus, Kampfer, Rubinen und Smaragde aus Hindustân in solcher Fülle, dass Omar damit einen grossen Markt in Medîna abhalten konnte, zu dem die Käufer aus Egypten und Yemen zusammenströmten.[1]) Dass es den Persern möglich war, solche Schätze aus fernen Ländern zusammenzubringen, lässt erkennen, dass der Golf auch in den letzten Jahrhunderten des Ssâssânidenreiches, wenigstens für den asiatischen Verkehr, seine Rolle weiter gespielt hat.

Ähnliches findet sich im zehnten Jahrhundert in dem Kitâb al iqlîm des Persers Abû Isshâk aus Isstachr (Persepolis), der nicht nur dieselben Handelsartikel wie Tabarî erwähnt, sondern auch noch solche nennt, die ohne Zweifel aus Afrika stammen. Wie Yakût[2]) schildert auch er die alte, längst verfallene Handelsstadt Ssirâf (westlich vom Râss Nâband, beim heutigen Dorf Tahiri) wo Jacques de Morgan noch 1890 die grossartigsten Trümmerstätten der ganzen Küste fand,[3]) als einen blühenden Hafen, in dem die Güter der ganzen Welt zusammenströmen, von wo die mannigfachen Erzeugnisse des Landes in alle vier Windrichtungen vertrieben werden.[4]) Zum Schutze des Handels sieht er an der Einmündung des Schatt al Arabs eine Küstenbefestigung angelegt, die dem Treiben der „Wegelagerer des Meeres" steuern soll. Allein der Umstand, dass nach dem übereinstimmenden Bericht aller Reisenden, die Ausführliches über

---

[1]) Chronique d'Abou Djafar Mo'hammed bin Djaûr bin Yezid Tabari, traduite sur la version persane d'Abou 'Ali Mo'hammed Bel'ami par Hermann Zotenberg. Paris III 1871. 4. Chap. 49, s. 414 ff. — Tabari (arab.) 1. 2444 ff.

[2]) Vgl. F. Wüstenfeld: Die Reisen Yacuts. ZDMG. 18. 420.

[3]) J. de Morgan: Mission scientifique en Perse. Études géographiques. 2. Paris 1895. 298.

[4]) In der verkürzten Ausgabe bei Sir William Ouseley: Oriental Geography (Ebn Haukal). London 1800. 12.

diese Gegenden geschrieben haben, ganze Völkerschaften vom Seeraub lebten, ist ein Beweis für die Blüthe des Handels am Persischen Meerbusen. Abû Isshâk aus Isstachr führt die „Ssûre der Höhle" aus dem Korân an, in der es heisst „und siehe, es war hinter ihnen ein König, der fiel mit Gewalt jeglichem Schiff in den Weg", um die Zustände an der oft befahrenen Seeräuberküste von Lâristân und Kirmân zu schildern. Noch anschaulicher wird das lebhafte gewinnsüchtige Treiben in diesen Gewässern im dreizehnten Jahrhundert geschildert, wo von Ceylon und Malabâr an über Gudschrât bis Omân und den Schatt al Arab alles, vom Fürsten bis zum ärmsten Fischer, persönlichen Antheil nahm an dem emsigen überseeischen Verkehr,[1]) der jene Länder auch zu einer Zeit verband, wo die europäischen Völker, noch unter den Nachwirkungen der Völkerwanderungswirrsale zu sehr mit sich selbst beschäftigt, um an ausländische Unternehmungen zu denken, darauf warten mussten, bis die Kreuzzugssbegeisterung ihnen die Sehnsucht nach fernen Ländern und wieder den Muth zu kühnen Unternehmungen über See erweckte.

Als diesem Anstosse folgend zuerst die Italiener, überhaupt das erste seefahrende Volk des Mittelalters,[2]) wieder die Beziehungen zum Morgenlande aufnahmen, die nur noch bei den Paläologen schwache Pflege gefunden hatten, trafen sie überall auf die lebendigen Anzeichen eines weitverzweigten, ungemein lebhaften Handels, der sich augenscheinlich in altgewohnten Bahnen bewegte.[3]) Für einen Zweig dieses Güteraustausches haben wir ausführliche Nachrichten aus dem dreizehnten Jahrhundert in dem bewundernswerth vielseitigen und umsichtigen Bericht Marco Polos, des grössten Reisenden des Mittelalters, den er in seiner unfreiwilligen Musse „en la carsere de Jenes"

---

[1]) Siehe diese bemerkenswerthe Darstellung Marco Polos im Urtext, Anhang, Zusatz 5.

[2]) Theobald Fischer: Sammlung mittelalterlicher Welt- und Seekarten italienischen Ursprungs und aus italienischen Klöstern und Archiven. Venedig 1886. 4.

[3]) Guglielmo Berchet: La repubblica di Venezia e la Persia. Turin 1865. — Vgl. auch das persisch-kumanisch-lateinische Wörterbuch, das 1303 von einem Venezianer für Kaufleute verfasst wurde, bei Julius von Klaproth: Mémoirs relatifs à l'Asie, contenant des recherches historiques etc. sur les peuples de l'Orient. Paris 1824. III. 113, 256.

(Genua) als Kriegsgefangener der seiner Vaterstadt feindlichen Republik seinem Leidensgefährten Messire Rusta Pisan[1]) in die Feder diktirte.[2]) Ueberall wo Polo von Häfen des Arabischen Meers und des westlichen Indischen Ozeans erzählt, finden wir Bemerkungen über den Pferdehandel, der vom Persischen Meerbusen aus alle umliegenden Länder mit Reitthieren arabischer und iranischer Zucht versah.[3]) Es ist bekannt, dass Indien selbst fast gar keine Pferde hervorbringt,[4]) dass die eingeführten ausländischen Thiere nicht lange dem heissen Klima Stand halten. Andrerseits aber wird man nicht leicht einen ähnlichen Aufwand an kostbaren Pferden finden wie an den Häfen der indischen Grossen, die noch heute, wie vor sechshundert Jahren, gern die edelsten Thiere aus Nedschd und Irân in ihrem Marstall stehen haben. Auch die britisch-indische Militärverwaltung muss heute den Ersatz für ihre Reiterregimenter zum grossen Theil vom Persischen Meerbusen beziehen, da sich die Landesgestüte nicht recht bewährt haben und man erst kürzlich mit der Einfuhr starkknochiger Waler aus Australien begonnen hat. Wenn noch jetzt, wo auch andere Bezugsquellen offen stehen, die Einfuhr von Pferden, Eseln, Maulthieren aus dem Golf noch immer so beträchtlich ist,[5]) dass das Deck der Dampfer der British India Steam Navigation Company zwischen Bûschar und Karâtschi stets aussieht wie ein schwimmender Pferdestall, so kann man annehmen, dass zu Zeiten, wo man bei mangelhafter Verkehrsentwicklung allein auf den Bezug aus Persien und Arabien angewiesen war, sich die Pferdeausfuhr wohl in der That solchen Umfangs erfreute, wie ihn Marco Polos Angabe vermuthen lässt, dass in der „grant province de Maabar" (an der indischen Küste NW Ceylon gegenüber) der König für seinen Hofhalt

---

[1]) Rustiziano aus Pisa, sonst bekannt durch seine zahlreichen Bearbeitungen der Sagen vom König Artus.
[2]) Le livre de Marco Polo, citoyen de Venise, conseiller privé et commissaire impérial de Koublai-Khaân, rédigé sous sa dictée en 1298 par Rusticien de Pise, publié pour la première fois par G. Pauthier. Paris 1865. Unentbehrlich ist neben dieser Originalausgabe Henry Yules kritische Uebersetzung.
[3]) Siehe Anhang, Zusatz 6.
[4]) W. W. Hunter: The Indian Empire. Its History, People, and Products. London 1886. 2. edition 520 ff.
[5]) Administration Report of the Persian Gulf Political Residency and Muscat Political Agency for 1893—94. Calcutta 1894.

allein jährlich zehntausend Pferde von den Persern bezogen habe.¹)

Neben den Pferden behielten auch die übrigen Waaren, die in den Häfen des Persischen Meerbusens geladen und gelöscht wurden, wie Ambra, Elfenbein, Ebenholz, Gewürze, Edelsteine, Kokusnüsse, Baumwolle, als ständige Einfuhr von Indien, und Datteln, Perlen, Seidenstoffe, Teppiche, als Hauptausfuhr Persiens, ihren Werth auf dem asiatischen Markt und konnten den Handel dauernd auf jener Höhe halten, die schon zu Anfang des vierzehnten Jahrhunderts die Genuesen und Pisaner verlockte, in Persien und zumal am Meerbusen eigene Stapelplätze anzulegen, um sich den Weg zum morgenländischen Welthandel gleich an den einflussreichsten Plätzen zu öffnen.²) Schon 1306 hatte eine Gesandtschaft — wohl von Oldschäitû Chân — die Beziehungen zwischen Persien und Genua eröffnet — nebenbei dieselbe Gesandtschaft, der Giovanni da Carignano³) die Erkundigungen zur Besserung seiner Weltkarte für jene Gegenden verdankte — und schon wenige Jahre darauf erscheinen die Italiener mit den kühnsten Plänen am Persischen Meer: sie wollen in Harmûs und Aden Schiffe bauen, die den Handel von Malabâr und Gudschrât nach Persien bringen und so den Durchgangshandel nach Egypten lahm legen sollen. Mit Hülfe des persischen Königs sollen die Waaren nach Tabris und Ssultaniya gebracht werden und dann auf dem europäischen Markt Genuas Uebergewicht über die Nebenbuhlerrepubliken begründen.⁴) In dieser grossartigen Weise sich den Alleinhandel zwischen Asien und Europa zu sichern, gelang indessen erst zwei Jahrhunderte später den Portugiesen, die durch Vasco da Gamas Entdeckungen rasch die übrigen Handelsnationen überflügelten und bald die ersten und wohl auch die einzigen Europäer

---

¹) M. Polo 2. 615.
²) C. Desimoni in Atti della Società Ligure di storia patria XIII. fasc. 3. 46, angeführt bei Th. Fischer, Sammlung 1886. S. 5. — Heyd, Levantehandel 2. 111 f. — Vor allem ist für die ersten Versuche der Italiener in Persien zu benutzen: Navigationi et Viaggi, raccolti già da M. Gio. Battista Ramusio et con molti et vaghi discorsi, da lui in molti luoghi dichiarati et illustrati. In Venetia nella stamperia dei Giunti. 1563—1606. 3 vols. fol.
³) Th. Fischer, Sammlung 119 f.
⁴) Ebenda 5.

wurden, die in grossem Maassstabe die Vermittlungsrolle des Persischen Meerbusens begriffen und auszunutzen verstanden haben.¹)

Seit Vasco da Gamas Landung in Kâlikût am 20. Mai 1498 die Portugiesen in den Mittelpunkt des indischen und des persisch-arabischen Handels führte, ist der Persische Meerbusen fast ununterbrochen in Beziehungen zu den grossen Handelsvölkern Europas geblieben. Denn sehr bald zeigte es sich, dass nur die Beherrschung dieser einschneidenden Wasserstrasse, solange das Rothe Meer in fremden Händen war, auf eine Bahn führen würde, wo man mit Erfolg dem umfangreichen, erbangesessenen Handel der Eingeborenen wetteifernd entgegentreten könnte. Und in der That richteten die Generalkapitäne des mit so wunderbarer Schnelle gegründeten und emporgewachsenen portugiesischen Kolonialreichs in Indien zunächst ihr Augenmerk darauf, der neuen Gründung, die anfangs nur durch Aufwand ständiger Waffengewalt erhalten werden konnte, einen natürlichen Halt zu geben durch feste Beziehungen zu den Durchgangsländern nach Europa, wie sie die Eingeborenen längst für sich zwischen den Nordwestküsten des Indischen Ozeans hergestellt hatten. An dem Widerstand der Mameluken, die auch in ihrer kaufmännischen Bethätigung so gewaltthätig auftraten wie in ihrer Willkürherrschaft in Egypten, scheiterte Affonso d'Albuquerques kühner Versuch, die alte Strasse des Rothen Meeres dem Alleinhandel der Portugiesen zu gewinnen. Ssokotrâ nur blieb als wertvoller Stützpunkt in deren Händen, so dass sie nach der Gewinnung einiger fester Punkte an der Küste von Gudschrât einen Vorstoss auf Omân wagen konnten. Masskat, damals wie heute für den Eingang des Persischen Meerbusens von ähnlicher Bedeutung wie Aden für den des Arabischen, wurde genommen. Auch die blühenden Handelsstädte Kuriât, Ssohâr und Chôr Fakkan fielen durch blutige Gewalt oder durch freiwillige Uebergabe in die Hände der europäischen Eindringlinge. Aber Harmûs, das beherrschend an der engen Eingangsstrasse lag und bei weitem die bedeutendste Siedlung am ganzen vorderen Indischen Ozean war, konnte

---

¹) Zur Entstehung des Portugiesischen Reichs in Asien siehe die Literatur im Anhang, Zusatz 7.

nicht dauernd gehalten werden. Erst als sich Albuquerque in seiner neuen Würde als Gobernador das Indias rücksichtsloser der Ausführung seiner ehrgeizigen weitblickenden Pläne von einem portugiesischen Südasien widmen konnte, gelang es ihm bei einem zweiten, sorgfältig vorbereiteten Kriegszug die reiche Handelsstadt zu nehmen, die seitdem die Perle unter den überseeischen Besitzungen Manuels des Grossen blieb.

Auf diesem kleinen Felseneiland, das kaum 20 km im Umkreis misst[1]), schoss jetzt ein Weltmarkt empor, dessen Fülle und Pracht den Erdenrund erfüllte, dessen Name noch lange das Kennwort blieb für die unerhörten Schätze des Morgenlandes.[2]) Durch seine Lage ausgezeichnet wie wenige andere Handelsplätze der Zeit, gestützt auf uralte Beziehungen, auf natürlich gegebene Verkehrswege zwischen Arabien und Indien, Mesopotamien und China, konnte Harmûs in der That ein Riesenbazar werden für "todas as espiciarias e riquezas da India, as quaes per cafilas de camelos vinhão ter as Cidades de Aleppo e Damasco"[3]), ein Stapelplatz, in dessen „Hort der Sicherheit", wie ein zeitgenössischer arabischer Geograph[4]) ihn nennt, sich unter dem Schutz kaufmännisch veranlagter Fürsten[5]) „die Händler aus sieben Klimaten" ein Stelldichein geben konnten.

Indessen waren die Portugiesen nicht die Nation dazu, ein fremdes unterworfenes Land dauernd und zu seinem Vortheil zu beherrschen. Männer von der Charakterstärke und Unbestechlichkeit Albuquerques sind in diesem verkommenen Volk eine seltene Ausnahme. Eifersüchteleien unter den abgeordneten Statthaltern, Habsucht und rohe Ungerechtigkeiten der Unterbeamten machten den Eingeborenen die portugiesische Fremd-

---

[1]) Whitelock, JRGS. 1838. 170.

[2]) Vgl. den alten Reim "If all the world were made into a ryng, Ormuz the gem and grace thereof sboulde bring", den Thomas Herbert für diesen "only brave place in all the Orient" anführt. Some Years Travel 1638. 113.

[3]) João de Barros. Asia. T. 3⁵. — J. J. Egli, Nomina Geographica 1892. 675.

[4]) Dâr al amân, bei Abd ur Resâk, der 1443 zwei Monate auf Harmûs zubrachte. Ausgabe der Hakluyt Society 22. 5.

[5]) Jean Chardin: Journal d'un voyage en Perse et en autres lieux d'Orient. Amsterdam 1711. IV. 265.

herrschaft bald verhasst. Mit Mühe wurden die ersten Aufstände der geknechteten Bevölkerung unterdrückt, bis schliesslich wie auf der ganzen Linie der asiatischen Besitzungen so auch hier Portugals Unfähigkeit hervortrat, das so glänzend begonnene Werk fortzusetzen. In dem Prunk der Gesandtschaft[1]), die König Manuel unter Tristão da Cunha an Papst Leo den Zehnten schickte, wobei neben einem riesigen Elephanten, wie man ihn seit dem Alterthum nicht mehr in Italien gesehen hatte, auch das herrliche Pferd Aufsehen erregte, das der Scheich von Harmûs gesandt hatte — in diesem Prunk spiegelte sich der Glanz des Persischen Meerbusens als westöstlichen Handelsmittelpunktes jener Zeit; in den farbenglühenden Schilderungen in des Indienfahrers Luiz de Camões romantisch-phantastischer Dichtung fand er über die ganze Welt hin preisenden Widerhall. Aber nach wenigen Jahrzehnten schon blieb von diesem Glanz des höchsten Aufschwungs nichts als ein Schatten; von denen, die ihn heraufgeführt, nichts als das verhasste Andenken bei den Eingeborenen[2]) und ein leichtes Erbe in den Händen der nachfolgenden Holländer und Briten. —

Kaum ein Jahrhundert nach der Besetzung von Harmûs durch die Flotte Albuquerques konnte ein Engländer, der Persien durchreist hatte, den Direktoren der Ostindischen Compagnie in Ssurât empfehlen, sich im Persischen Meerbusen eine Faktorei anzulegen[3]), und zur selben Zeit begannen die Holländer, die sich schon längst während des Verfalls der portugiesischen Herrschaft in deren Kolonien aufgehalten und sich mit den Verhältnissen tropischer Pflanzungen und morgenländischer Handelsgeschäfte vertraut gemacht hatten, ebenfalls im Persischen Meer Ausschau zu halten zu dauernder Niederlassung. 1616 gründen die Engländer von Gudschrât aus die erste Handelsstation an

---

[1]) **Sophus Ruge**, Geschichte des Zeitalters der Entdeckungen. Berlin 1883. 156 ff.

[2]) „Die Einwohner, ob sie schon meist Perser, Araber oder Indianer sind, reden oder verstehen sie doch alle die Portugiesische Sprache ... Es wird allen Nationen unter der Sonnen, Christen, Mahumedisten, Juden und Heyden allhier zu Gamron [= Bandar Abáss] zu handeln frey vergönnet, ohne den Portugiesen nicht." Des Hochedelgebohrnen Johann Albrechts von Mandelslo Morgenländische Reise Beschreibung, herausgegeben durch Adam Olearium. Hamburg 1696. 22.

[3]) **Purchas' Pilgrims**. London 1614. lit. 4. chap. 17.

der persischen Küste in Dschâschk, 1623 folgt ihnen die niederländische Compagnie des Indes Orientales, die schon nach zwanzig Jahren einige Inseln ihr eigen nennt und „jarelijks fijftien of zestien hondert duizent ponden specereyen in Perziën verkocht" [1]). Fast zwei Jahrhunderte lang halten sich hier Holländer und Engländer die Waage, erstere durch grössere Seemacht wirksam gestützt [2]) und durch ihre thatkräftigen, meist deutschen Beamten [3]) besser vertreten wie die weniger wagemuthigen Engländer, denen erst am 2. Juli 1763 Nâdir Schâhs Statthalter in Bûschar in der Person ihres Vertreters des "right worshipful William Andrew Price, governor of the English nation in the Persian Gulf" eine abgabenfreie Faktorei zu errichten erlaubt. [4])

Bis zum Ausgang des siebzehnten Jahrhunderts waren die Holländer die einflussreichsten Europäer an der Küste, obwohl sie zunächst nur ein ganz persönliches Tauschgeschäft mit dem König trieben und die lästigen Zollverträge, die ihre Gesellschaftsbeamten mit den Statthaltern der persischen Regierung schlossen, von vornherein zu umgehen gesonnen waren. [5]) Trotz dieses Mangels an prunkhafter staatlicher Vertretung, die den Portugiesen erstes Gebot gewesen war, gewannen sie bald solches Ansehen, dass sie den Eingeborenen als Könige von Europa galten [6]) und ihr Tauschhandel, besonders der mit einheimischer und chinesischer Seide, bald den Neid anderer Händler erweckte. Zu den Versuchen, die holländische Herrschaft auf dem europäischen Seidenmarkt zu untergraben, gehört auch die unter dem Namen einer Holsteinischen Gesandtschaft bekannte Unternehmung Hamburgischer Kaufleute vom Jahre 1637, die durch die Theilnahme des Dichters Paul Fleming und die treffliche Beschreibung von Adam Olearius

---

[1]) De zes reizen van de Heer J. Bapt. Tavernier, Baron van Aubonne. Door J. H. Glazemaker vertaalt. t'Amsterdam 1682. 1. 195.
[2]) Chardin 1711. 9. 293.
[3]) Carsten Niebuhr: Beschreybung von Arabien. Mit Tafeln. Kopenhagen 1772. 321—327 giebt eine interessante Geschichte der deutschen Beamten der Holländisch-Ostindischen Compagnie auf Chârak, worüber Näheres im Anhang, Zusatz 9.
[4]) Clement A. Markham: General Sketch of the History of Persia. London 1874. Appendix A, Seite 530 f.
[5]) Chardin 1711. 3. 82.
[6]) Ebenda 9. 293.

auch allgemeiner bekannt geworden ist. Während die Holländer, sobald sie in Asien gegen die sinkende Macht Portugals und den aufgehenden Stern Spaniens mit eigenen Kolonialbestrebungen auftraten, sich vor allem bemühten, ihre neuen Besitzungen im Südosten zur Levante in Beziehung zu setzen und daher den Persischen Meerbusen als wichtiges Durchgangsgebiet für Bassra, das Euphrat-Thal und Halab ansahen[1]), glaubten die Hamburger die Seide von Turkestân und Charâssân weit billiger auf dem Landweg liefern zu können. Unter dem Schutze des Herzogs Friedrich von Holstein-Gottorp, der in Russland gute Verbindungen besass, rüsteten sie daher jene denkwürdige Handelsreise aus, die gewiss zu werthvollen Ergebnissen geführt haben würde, hätte nicht von Anfang an ein Unstern über dem Ganzen gewaltet und das unwürdige Benehmen des Führers die Zwecke der Gesandtschaft vereitelt.[2])

Einen dritten Weg schlugen die Engländer ein, die seit ihrem 1622 im Bunde mit den Persern über die Portugiesen davongetragenen Sieg auf Harmûs zu den dauernd im Persischen Meerbusen vertretenen Mächten Europas gehören. Portugal hatte mit dem ganzen Aufwand vizeköniglicher Macht und Würde, Holland durch schlichte Kaufmannsart zum Ziele kommen wollen — England versuchte es auf die im Morgenlande misslichste und langwierigste Weise, durch diplomatische Verhandlungen. Viele Misserfolge, manche Demüthigungen wurden geerntet, ehe die englische Zähigkeit auch hier ihren Zweck erreichte. Noch 1583 hatte Albuquerque es ungestraft wagen können, englische Kaufleute, deren Erfolge ihm lästig wurden, ins Gefängniss zu werfen;[3]) vierzig Jahre später hatten die Perser ihren englischen Verbündeten den bedungenen Antheil an der portugiesischen Beute ohne Weiteres vorenthalten dürfen,[4]) ja noch 1673 hatten die englischen Kaufleute es mit anhören müssen, wie der persische Statthalter zu Bandar Abbâss die schäbige Vertretung ihrer Flotte

---

[1]) Tavernier 1682. 1. 180 ff. und Erste Deel; vijfde bock, 23. hoeftdeel 562—71.

[2]) Adam Olearius: Reisebeschreibung nach Muskau und Persien. Nebst beigefügtem Persianischen Rosenthal. Schleswig 1647. — Chardin 1711. 8. 216 ff.

[3]) Purchas' Pilgrims. London 1614. II lib. 9 chap. 3.

[4]) George N. Curzon: Persia and the Persian Question. London 1892. 2. 431.

im Gegensatz zur holländischen öffentlich verspottete.¹) Erst als die Niederlande und Portugal von ihrer führenden Rolle auf der Bühne der europäischen Handelspolitik zurückgetreten waren, als Dupleixs Traum von einem grossen französischen Reich in Asien in der Schlacht von Plassi an Robert Clives nüchterner Kraft zerschellt war, da erst durften die Engländer daran denken, sich in unmittelbare Verhandlungen mit dem Perserkönig einzulassen und sich die Berechtigung und ungestörte Entwicklung ihres Handels an den Küsten des Meerbusens sozusagen amtlich bestätigen zu lassen. Wo der Einfluss der königlichen Statthalter von Bûschar und Bandar Abbâss aufhörte — und die politische Macht der persischen Regierung über die buntgemischte Küstenbevölkerung war zu keiner Zeit sehr gross²) — da nutzten freilich auch feierliche Verhandlungen und diplomatischer Schriftwechsel nichts. Seit aber die Wâli des Sultans von Stambûl in Egypten mehrmals fremden Schiffen mit Erfolg den Durchgang durchs Rothe Meer untersagt hatten und die Sperrung Egyptens durch das Pariser Direktorium in den Revolutionskriegen England die Nothwendigkeit gezeigt hatte, auf einen andern Weg zu seinen indischen Besitzungen zu sinnen, haben englische Staatsmänner und Offiziere, Reisende und Ingenieure den Persischen Meerbusen nicht aus den Augen verloren.

Schon 1798, als Bonaparte nach seinem Sieg bei den Pyramiden Miene machte, sich an der Schwelle des Morgenlandes eine starke Stellung zu schaffen, erbrachte die Ostindische Handelsgesellschaft durch ihre schnell ins Werk gesetzte syrische Kameelpost den Beweis der Möglichkeit einer Verbindung mit Indien über den Persischen Meerbusen. Und F. Rawdon Chesneys Flossfahrt 1831 den Euphrat hinab veranlasste die Regierung von Grossbritannien, den weitblickenden Iren, der schon damals auch für die Durchstechung der Landenge von Ssuéss eingetreten war, mit einer gründlichen Untersuchung der Frage zu betrauen.³) Selbst nach der Eröffnung des Kanals, der seitdem

---

¹) Chardin 1711. 9. 293.
²) PM. 1863. 200. — George N. Curzon 1892. 2. 431. — Carsten Niebuhr 1772. 330.
³) F. Rawdon Chesney: Narrative of the Euphrates Expedition carried on by Order of the British Government during the Years 1835—37. London 1868.

zur Hauptschlagader des englischen Handelsverkehrs geworden ist, beschäftigte sich die Regierung mit dem Plan, das Mittelmeer zum zweiten Male mit dem Indischen Ocean zu verbinden, auf einem Wege, der nicht von dem guten Willen der Grossmächte abhinge, die für die Neutralität des Ssuêsskanals bürgen. Der Plan, den die Ostindische Handelsgesellschaft 1841 angesichts der grossen Schwierigkeiten hatte fallen lassen, wurde wieder aufgenommen: eine regelmässige Dampferfahrt auf dem Euphrat einzurichten, die von Bassra über Hilleh bis Beles (auf der Höhe von Isskanderûn) den Fluss befahren wollte. Wiederum wurden die zahlreichen Stromschnellen und die künstlich angelegten, für die Landwirthschaft höchst wesentlichen Bewässerungsdämme, die für Mesopotamien so bezeichnend sind, zum vereitelnden Verhängniss. Der Gedanke, mit Hülfe des Flusses selbst die Verbindung herzustellen, musste völlig aufgegeben werden, solange unter einer so verlotterten Verwaltung, wie der türkischen, ein etwaiger Uferhandel nicht zur Deckung der beträchtlichen Kosten beitragen konnte, vielmehr der Erfolg sich einzig auf die beiden Endstädte zu stützen hatte, die vielleicht auch gar nicht damit einverstanden gewesen wären, zu Gunsten einer von Ungläubigen ins Werk gesetzten Verkehrsanstalt von ihrem ehrwürdigen Karawanenhandel zu lassen, der seit Jahrtausenden mit all ihren Lebensgewohnheiten verwachsen ist. Da auch die türkische Regierung dabei blieb, nur während der Hochfluth von April bis August auf der Strecke zwischen Beles und Hilleh gelegentliche Aufsichtsdampfer laufen zu lassen, mehr zum Schrecken der Uferstämme, als zu Verkehrszwecken, sah man auch in England endgültig von einer Euphratdampferlinie ab und fasste vielmehr die Anlage einer mesopotamischen Eisenbahn ins Auge.

Im Unterhause berichtete 1872 ein eigener Ausschuss über alle Einzelheiten der Möglichkeit, den Euphrat, etwa von Tekrît am Tigris her, mit dem Mittelmeer zu verbinden und auf dem geeignetsten Wege von Tarâbuluss durch die Wüste eine Bahn zu legen, die beide Ströme berühren und über Baghdâd mit dem Persischen Meerbusen verbinden sollte. Zweihundert Millionen Mark (10,000,000 £) sollten zur Ausführung genügen. Indessen gedachte England sich seine Aufgabe zu erleichtern und zur Deckung dieser Summe die Türkei heranzuziehen. In Konstantinopel herrschte aber ein anderer Geist als wenige Jahre zuvor, da Misat Pascha dem Volke eine freisinnige Verfassung geben konnte und als Statthalter des südmesopotamischen Wilâyets Arabistân seinerseits die nöthigen Aufnahmen und Vermessungen für eine Bahn zwischen Tarâbuluss und Baghdâd ganz selbstständig hatte vornehmen lassen. Abdul Hamîd wollte nichts von solcher gefährlichen Neuerung wissen, die auch seine asiatischen Besitzungen ganz unter fränkischen Einfluss bringen würde, und die britische Regierung begnügte sich damit, noch einmal die Frage prüfen zu lassen durch den berühmten Afrikaforscher Verney Lovett Cameron, der 1879 nach Mesopotamien entsandt wurde. Eine praktische Förderung erfuhr indessen die Frage der Euphratbahn auch durch seine Reise nicht.[1]) Dass England aber auch heute noch sich der Wichtigkeit dieser vielbesprochenen „overland route" bewusst ist, zeigt die Besetzung der Bahrein-Inseln, der erst 1896 gemachte Versuch, auf der Halbinsel Katr Fuss zu fassen, sowie die Annexion von Cypern 1878, durch die es sich in den Besitz der Ausgangspunkte jener Strasse setzte, auf der es sich auch durch die grossartige Anlage des indisch-europäischen Telegraphen heimisch machte.

So hat der Selbsterhaltungstrieb eines grossen Handelsvolkes, das an manchen Anzeichen wohl fühlen mag, dass die bedingenden Verhältnisse seiner augenblicklichen Grösse sich auch einmal verschieben können, den Persischen Meerbusen wieder aus dem verhältnissmässigen Dunkel seiner letzten Jahrhunderte herauszuheben angefangen. Noch ist es bequemer und einträglicher, durch die widerrechtliche Besetzung Egyptens sich den kürzesten Zugang nach Indien aufrecht zu erhalten, dessen Besitz nicht nur wegen der anderthalb Milliarden Jahreseinkommens

---

[1]) Zur wichtigen Frage der Euphratbahn vergleiche: Ingenieur Jozef Černiks technische Studienexpedition durch die Gebiete des Euphrat und Tigris, nebst Ein- und Ausgangsrouten durch Nordsyrien, (ausgeführt im Auftrage von Wilhelm Pressel, Direktor der Türkischen Eisenbahnen 1870—72). Nach den Tagebüchern, topographischen Aufnahmen und mündlichen Mittheilungen des Expeditions-Leiters bearbeitet und herausgegeben von Armand Freiherrn von Schweiger-Lerchenfeld. PME. 44. 45. Gotha 1875 f. — Verney L. Cameron: Our Future Highway. London 1880. — W. P. Andrew: The Euphrates Valley Route to India in Connection with the Central Asian and Egyptian Question. London 1882.

eine Lebensfrage für die britische Weltmacht ist. Aber bei der Unberechenbarkeit der auswärtigen Politik, die die Völker in immer wechselnden Zusammenstellungen eint und trennt, kann leicht die Herrschaft über das Rothe Meer und den Kanal in andre Hände übergehen und England gezwungen werden, Ernst zu machen mit der neuen Verbindung zwischen Mittelmeer und Indischem Ocean, an der es schon so lange im Stillen arbeitet. Dann wird die geräuschlose Gründlichkeit, mit der hier im Süden des persischen Reichs englisches Kapital und englischer Unternehmungsgeist durch kaufmännische Niederlassungen, durch Telegraphen- und Dampferverbindungen europäischer Kultur die Wege gebahnt haben, wie es im Norden des Landes in ähnlicher Weise russischer Eroberungsdrang zu Stande brachte, die Vorarbeit gewesen sein für eine vielleicht nicht ferne Zukunft, wo der Persische Meerbusen die grosse Vermittlungsrolle, zu der ihn seine charakteristische Lage befähigt, in höherem Maasse spielen kann, als je zuvor. —

II. Name.

Man hat dem Persischen Meerbusen gelegentlich die Berechtigung seines Namens bestritten[1]) und darauf aufmerksam gemacht, dass die Perser gar nichts mit dem nach ihnen genannten Meer zu thun hätten, dass der ganze Handel in den Händen von Arabern liege, ja dass sogar die Nordküste zumeist von Arabern besiedelt sei, die allein mit ihren Schiffen den Golf belebten, wie denn überhaupt der Perser gar keine Befähigung zu Seefahrt und überseeischen Unternehmungen besitze.[2])

Es lässt sich nicht leugnen, dass diese Behauptungen in der Hauptsache zutreffen. Wirklich sind es von jeher die arabischen Küstenstämme von Al Hassa, Omân und Masskat gewesen, die zwischen den Küsten des Meerbusens und darüber hinaus in den Indischen Ocean den Verkehr vermittelt und den Tauschhandel mit Indien, Ostafrika und China bewerkstelligt haben.

---

[1]) Alexander Schläfli PM. 1863, 210f. — Heinrich Berghaus: Geo-hydrographisches Memoir zur Erklärung und Erläuterung der reduzirten Karte vom Persischen Golf. Gotha 1832. S. 3.

[2]) Quatremère. Journal des Savants. 1846. 681 ff. — Sir John Malcolm: History of Persia. London 1815. 2. 515. — George N. Curzon 1892. 2. 388.

Schon die ältesten Quellen versagen, wenn man nach wirklich persischen Seeunternehmungen sucht. Ktesias, der als Leibarzt am Hof des Achämeniden Artaxerxes des Zweiten (404—358) lebte und eine Geschichte des persischen Reiches schrieb, weiss nichts von Handel und Seefahrt zu melden, und auch aus dem durchaus kaufmännischen Periplus[1]) aus dem ersten nachchristlichen Jahrhundert lässt sich nicht mit Sicherheit entnehmen, dass es wirklich arische Perser und nicht semitische Araber waren, von deren Handelsunternehmungen berichtet wird. Es scheint fast, als seien die einzigen Versuche grösseren Maassstabes, die je von iranischen Persern zur See gewagt wurden, Chussraus des Ersten Kriegszug nach Yemen, von dem Tabari (1. 945 ff.) erzählt, und die Flucht der treugebliebenen Anhänger Sarathustras nach Gudschrât, als nach der Schlacht von Kâdessia der Chalif Omar den Feuerdienst der Zoroastrier mit Waffengewalt ausrotten liess. Denn die Seeleute, die Dareios und Xerxes in ihrem Solde hatten, waren keine Perser, sondern Griechen und Phöniker; wie auch die „marcheans de Quis et des Hormes", die Marco Polo auf Ceylon[2]) trifft, ebensowenig Perser gewesen zu sein brauchen, wie die Kaufleute von Ssirâf zur Zeit der Ssâssâniden, denen man früher den Besitz einer grossen Flotte andichtete.[3]) Bei aller hohen Verehrung, die die Anhänger Sarathustras dem Wasser zollten,[4]) galt ihnen das Meer aus bestimmten Gründen[5]) für ahrimanisch und unrein, und so scheinen die eigenthümlichen Ansichten und Bestimmungen über rein und unrein, deren religiöse Kleinlichkeit noch heute das Leben der Pârssen einengt, die Lust zu seemännischer Thätigkeit bei ihnen unterdrückt und auch bei den muham-

---

[1]) Siehe oben Seite 8 u. 9.

[2]) Kaufleute von Kisch und Harmûs. Siehe Marco Polo 2. 614.

[3]) Reinaud: Relation des voyages faits par les Arabes et les Persans dans l'Inde et à la Chine dans le neuvième siècle. Texte arabe et traduction française. Paris 1845. 1. Seite XXXVII. — Im Gegensatz dazu Quatremère im Journal des Savants 1845. 681 ff. — Wilhelm Heyd, Levantehandel. 1874. 1. 11.

[4]) Vgl. Yassna 38 im Avesta. In Max Müller's Sacred Books of the East XXXI. The Zend Avesta III, translated by L. H. Mills. Oxford 1887. S. 286 f.

[5]) Ueber die Entstehung des Salzgehaltes im Meerwasser, vgl. Bundehesch, hg. von Ferdinand Justi, Leipzig 1868. Kapitel 7, S. 9. 10.

medanisch gewordenen Nachkommen, denen der Korân dabei nicht im Wege steht, ein für alle Mal den unternehmenden Sinn vom Meere abgelenkt und ausschliesslich aufs Festland oder, bei überseeischem Handel, an fremde Mithülfe gewiesen zu haben. Denn wie schon Plinius[1]) vor achtzehnhundert Jahren den medischen „Magiern" Furcht vor Seekrankheit nacherzählt, wissen wir von der eigenthümlichen Scheu der heutigen Perser, sich überflüssigen Unbequemlichkeiten auszusetzen.[2]) Reisen ist ihnen nur bei sicheren Erwerbsaussichten Mittel zum Zweck; Reisen aus Abenteuerlust oder Wissbegierde ist ihnen unverständlich, weshalb auch ihre sonst so werthvolle und reichhaltige Literatur im Gegensatz zur arabischen nur sehr unbedeutende Leistungen in der Erdkunde aufweist. So tritt denn auch heute noch das persische Element an den Küsten des Meerbusens völlig zurück gegen das arabische, das in den Häfen und auf den Inseln überwiegt.[3]) Ebenso gleichgültig wie die Bevölkerung standen auch die Könige den augenfälligen Vortheilen gegenüber, die eine weise Ausnutzung der Meeresküste ihnen im Wettbewerbe mit den Nachbarvölkern hätte in die Hand geben können. Auch im neupersischen Reich verstand kein Schâh, mag er Ssaffawi oder Kâdschâr gewesen sein, der Bedeutung Irâns als Küstenland gerecht zu werden.[4])

Wenn also die Araber als die wirthschaftlichen Beherrscher ein Recht beanspruchen dürfen, den Meerbusen nach sich etwa den Arabischen zu nennen, so ist es um so bemerkenswerther, dass weder sie noch andere betheiligte Völker je an diesen Namen gedacht haben. Und das hat seinen guten Grund. Abgesehen davon, dass man den Arabischen Meerbusen mit viel grösserem Recht die westliche Abzweigung des nördlichen Indischen Oceans, das sogenannte Rothe Meer, sein lässt,[5]) liegt der ganze Schwerpunkt der Bedeutung dieses östlichen Ausläufers nach der viel bevorzugteren persischen Küste hin.

---

[1]) Plinius, Naturalis historia I. 30. 2.
[2]) Jakob Eduard Polak: Persien, Land und Leute. Ethnographische Schilderungen. Leipzig 1865. 1. 163. 175.
[3]) Carsten Niebuhr 1772. 311f. — J. E. Polak 1865. 2. 191.
[4]) Purchas, His Pilgrimage. Second Edition. London 1614. S. 410.
[5]) William Weber: Der Arabische Meerbusen. Inaug.-Diss. Marburg 1888. S. 33.

In jeder Hinsicht steht die arabische Seite des Meerbusens der persischen nach. Von vornherein ist dieser flache Wüstenrand zur Siedlung wenig geeignet; unter den sechs Häfen, die einer doppelt so grossen Zahl auf dem Gegengestade gegenüberstehen, ist nicht einer von der Natur so ausgestattet, dass er den Verkehr in besonderem Maasse auf sich ziehen könnte. Denn auch der begünstigste unter ihnen, Katif, ist durch die starke Sedimentführung des Schatt al Arabs halb versandet und leidet, wie alle anderen, an dem Mangel eines erschliessbaren Hinterlandes, während auf der persischen Küste tieferes Wasser die Schifffahrt erleichtert und zahlreiche charakteristische Bergspitzen dem Steuermann sichere Landmarken bieten. Seit das Reich der Wahhabi um Nedschd sich in mehrere kleine Stammesherrschaften aufgelöst hat,[1]) ist auch keine Aussicht mehr auf Eröffnung regerer Beziehungen zwischen dem Innern und der Küste vorhanden; die bedürfnisslosen Beduinen des öden innerarabischen Kalkstein-Hochlandes sind sich selbst genug.[2]) Schwerwiegender aber als die bescheidene Ausstattung durch die Natur sind für die arabische Küste die klimatischen Verhältnisse, die geradezu einer regelrechten Besiedlung entgegenwirken. Müssen die Menschen schon in Südpersien zur Zeit der grössten Sommerhitze Tag und Nacht in Wasser sitzen, um nicht zu vergehen,[3]) so steigert sich die Temperatur an der Ostküste Arabiens zu ganz unerträglichen Höhen, da erfrischende Seewinde nicht vorhanden sind und die Hauptluftströmung, der Schamâl, der NW von der mesopotamischen Tiefebene kommt, nur Sand und Hitze bringt. Ueberdies wehen im Mai und Juni von SW gefährliche Sandwinde, richtige Samume, von deren Schrecken schon Engelbert Kaempfer berichtet.[4]) Dass unter diesen Umständen auch die gefürchteten Krankheiten des Persischen Golfs, Pocken, Augenentzündungen, Cholera und vor Allem das tödtliche „Gulf Fever" mehr auf der arabischen Seite wüthen,[5]) wie auf der

---

[1]) William Gifford Palgrave: Narrative of a Year's Journey through Central and Eastern Arabia. 1862—63. London 1865. 2. 195 f.

[2]) Über die geringe Einfuhr über Kuweit ins Innere vgl. Julius Euting: Tagebuch einer Reise nach Inner-Arabien. Leiden 1896. 1. 214.

[3]) AH. 1889. 192.

[4]) Engelbert Kaempfer: Amoenitates exoticae. Lemgo 1712. S. 720.

[5]) JOD. 1876. 757.

persischen, ist erklärlich. Daher haben sich die unternehmenden Eingeborenen von Al Hassa und Katr von Alters her lieber in den persischen Häfen angesiedelt, die Dank dieser nützlichen Einwanderung zu lebhaften Geschäftsstädten emporblühten.

Mehr und mehr hat sich dieser Gegensatz der beiden Küsten ausgeprägt. Schon João de Barros, der grosse Geschichtschreiber des portugiesischen Kolonialreichs, hat diesen Unterschied treffend gekennzeichnet[1]) und deutlich ausgesprochen, was frühere Forscher und Reisende, die stets von einem „Persischen" Meerbusen sprachen, ebenfalls beobachtet haben müssen. Denn schon seit mehr als zweitausend Jahren findet sich, mit wenigen Ausnahmen, stets der gleiche Name „Persischer Meerbusen". Bei Herodotos allerdings lesen wir noch von einer ἐρυθρὰ θάλασσα, ebenso noch im vierten Jahrhundert v. Chr. beim babylonischen Geschichtschreiber Bérossos und in dem ausführlichen Bericht über den Anaplus der Flotte Alexanders, also zu einer Zeit, wo das heutige Arabische Meer im Ganzen sowohl wie in seinen einzelnen Theilen noch ohne Unterscheidung „Erythräisches Meer" genannt wurde, ein Name, der übrigens meist für das Persermeer selbst angewandt wurde, so auch bei Nearchos, der bei seiner Fahrt zur Euphratmündung den Meerbusen doch als Theil des Indischen Ozeans erkannte. Aber schon bei Eratosthenes[2]) findet sich der genauere Ausdruck Περσικὸς κόλπος und nach Persien bleibt der Meerbusen dann benannt durch das ganze Mittelalter hindurch bis zur Neuzeit. Plinius[3]) bezeichnet ausdrücklich den „sinus qui ab oriente est" im Indischen Ocean als Persischen und ihm folgen Klaudios Ptolemaios sowie der Verfasser des Pleriplus und Ammianus Marcellinus.[4])

Auch die morgenländischen Geographen, und bemerkenswerther Weise gerade die arabischen, nennen ihn Persisch. So

---

[1]) João de Barros: Asia, dos feitos que os Portugueses fezerão no descobrimento et conquista dos mares et terras do Oriente. Lissabon 1628. III. 6 b.

[2]) Bei Strabon 16 C. 765: Ὁ μὲν οὖν Περσικὸς κόλπος λέγεται καὶ ἡ κατὰ Πέρσας θάλαττα.

[3]) Nat. Hist. VI. 108.

[4]) Περσικὸς κόλπος — Ausgabe von Fabricius, Leipzig 1883. § 34. — Sinus Persicus, Am. Marcellinus XXIII. 6. 10.

Isstachrî der Perser[1]) Daryâ i Pârss, Idrîssi[2]), der nubische Hofgeograph Rogers von Sizilien, ähnlich Chalîdsch al Fâriss = Meerbusen von Persien.

Auf den italienischen Seekarten des Mittelalters, die nach lebendiger Kenntniss, nicht nach den Schriften der Alten hergestellt wurden, begegnen wir derselben Benennung. So ist auf der Katalanischen Weltkarte[3]) auf der Florentiner Nationalbibliothek vom Jahre 1375 „devant la bocca del flum de baldac (Baghdâd) mar de les indies e de persia" angegeben, und ebenso auf der von Genua von 1447 der Sinus Persicus.[4]) Von da an ist wohl von keinem Reisenden mehr eine andere Bezeichnung angewandt worden. Vorher finden sich indessen einzelne andere Namen, die aber wohl nie dauernde Geltung gehabt haben.

So nennt Plutarch im Leben von Lucullus den Meerbusen den Babylonischen, der arabische Geograph Mokaddissi im zehnten Jahrhundert das Chinesische Meer, was ein interessantes Licht auf Bedeutung und Richtung des Handels jener Zeit wirft. Bei Marco Polo, der zweimal den Golf befuhr, heisst er Mer d'Ynde und ihm folgt in dieser Benennung der armenische Prinz und Mönch Haithûm, der um 1300 einem Franzosen die Geschichte des Morgenlandes in die Feder diktirte.[5]) In einem gleichzeitigen chinesischen Werk über die nordwestlichen Provinzen des Reichs der Yuen (Mongolen) wird, wie bei Plinius, von einem westlichen und einem östlichen Arm des Rothen (Indischen) Oceans gesprochen.[6]) Sehr beachtenswerth ist die Benennung Grünes Meer, Bahr i ssabs, die nach Boguslawski[7]) dem Meerbusen von den Eingeborenen gegeben wird. Da aber der Persische Meerbusen ebenso wenig grünes Wasser hat wie das Rothe Meer rothes, so wird man zur Erklärung dieses Namens vielleicht auf die Thatsache zurückgreifen können, dass

---

[1]) Im Persischen Auszug von Ibn Haukal, bei Ouseley, London 1800: 6; bei Goeje 96, 17: bahr Fâris.
[2]) Géographie d'Édrisi, traduite de l'arabe d'après deux manuscripts de la bibliothèque du roi et accompagnée de notes par P. A. Jaubert. Paris 1824. I. 5.
[3]) Theobald Fischer, Sammlung 1886. 216.
[4]) Ebenda 178.
[5]) Pauthier zu Polo I. 69, Anmerkung 8.
[6]) Pauthier zu Polo II, Anhang.
[7]) Georg von Boguslawski: Handbuch der Oceanographie. 1. 177.

im nördlichen Indischen Ocean sehr häufig eine Infusorienart vorkommt, deren 0,03 mm grosse Hülle deutlich eine grosse Menge rothen Blutes durchscheinen lässt, das beim Absterben des Thieres grün wird und oft auf weite Strecken dem Meere Farbe verleiht. Besonders häufig soll die Erscheinung, die indessen nur von sehr wenigen Reisenden beobachtet zu sein scheint, am Eingang des Meerbusens von Omân sein zwischen 10 und 15° N und 55 bis 60° O.[1]) Allerdings würde eine so auffällige Veränderung des sonst so leuchtenden Blaus, das das Arabische Meer ja auszeichnet, jedem Seefahrer ungemein ins Auge fallen und ihn wohl zu solcher Namengebung, wie rothes oder grünes Meer, veranlassen können. Damit wäre auch die leidige Frage nach dem Ursprung des Namens „Rothes Meer", die schon den alten portugiesischen Seehelden João de Castro in seinem „Roteiro do Mar Roxo" von 1540[2]) beschäftigte, auf eine sehr viel natürlichere Weise beantwortet, als die üblichen Lösungen es bisher vermochten.

Erwähnt seien noch für den Persischen Meerbusen die Namen Bahr i Mussendim nach dem gleichnamigen Vorgebirge und der im türkischen Wilâyet Bassra übliche Katif Dengis, nach der Hauptbesitzung des Sultans am Persischen Meer, Benennungen, die keine Bedeutung haben neben der allgemein bei Persern und Arabern üblichen Daryâ i Fârssistân = Meer von Persien, oder Chalidsch i Fârss = Meerbusen von Persien.

Können sich auch heute die persischen Handelsplätze Dilam, Righ, Bûschar, Kangûn, Nâband, Tschârak, Linga, Kung, Bandar Abbâss zusammengenommen nicht im entferntesten mit dem Glanz des früheren Harmûs und Bandar Abbâss messen, so wird auch unter den veränderten Verhältnissen der längst geschichtlich gewordene Name seine Berechtigung behalten.

III. Morphologie.

1. Grenzen und Grössenverhältnisse.

Der Persische Meerbusen liegt, wie die meisten Mittelmeere, auf jenem weichen, oft durchsetzten Bruchgürtel, der sich zwischen Aequator und 40° N in einem grössten Kreise um

---

[1]) Auszug aus der Petersburger Zeitung. PM. 1856 236.
[2]) Herausgegeben von Nuñez de Carvolho, Paris 1833. Besprochen von João de Barros, Asia 1628. II. 8a.

die Erdkugel zieht. Mit dem Amerikanischen und Romanischen Mittelmeer sowie mit dem Arabischen Meerbusen theilt er die bezeichnenden Eigenschaften, die ihn zu einem unselbstständigen Meeresgebilde, zu einem echten Mittelmeer machen: Schaffung und Bewahrung seines „epiphytischen, pelagischen" Charakters durch die Verbindung mit dem offenen Ocean, charakteristisches Lagenverhältniss zu den umgebenden Festlandsmassen, einseitigen Ausgang, Inselreichthum.[1]) Wie fast alle oceanischen Golfe[2]) ist er nach Norden gerichtet oder wie das benachbarte intracontinentale Mittelmeer, das als nächster Ausläufer des Indischen Oceans in die nördliche Landmasse einschneidet, genauer nach NNW. Vom Vormeere des Meerbusens von Omân her dringen seine Wasser durch die enge, den Windungen der Scharung des südpersischen Systems folgende[3]) Strasse von Harmûs transgredirend ein in die an seinem NW-Ende vereinigte Masse von Indo-Afrika und Eurasien, auf der einen Seite die Faltenzüge des Zagros an ihrem terrassenförmigen Absturz begleitend, auf der anderen die flachere Küste der arabischen Tafel benetzend.

Rein morphologisch zerfällt der Meerbusen in zwei ungleiche Theile, deren Scheidung durch die weit vorspringende Halbinsel Katr auf der arabischen und durch das Râss Nâband in 52^0 36' O auf der persischen Seite vollzogen wird: ein südliches breiteres Becken, das noch südlich über 24^0 N hinaus gegen die sumpfige Flachlandküste von Ssubâcha vordringt, und den nördlichen schmalen Theil mit fast parallelen Küsten, die am Nordende vereinigt werden durch das breite Mündungsgebiet vom Euphrat und Tigris. Eine ähnliche Theilung wird sich auch aus den Tiefenverhältnissen folgern lassen.

Unter diesen Umständen ergiebt sich die Abgrenzung des Meerbusens sehr leicht, wenn wir nach den selbstverständlichen Festlandsgrenzen im NO und SW den Ausgang zum Golf von Omân da abgrenzen, wo eine kurze Linie vom Râss Mussendim

---

[1]) **Otto Krümmel**: Versuch einer vergleichenden Morphologie der Meeresräume. Leipzig 1879. 27 f. — **Alexander Supan**: Grundzüge der physischen Erdkunde. Leipzig 1896. 192.

[2]) **Albrecht Penck**: Morphologie der Erdoberfläche. Stuttgart 1894. I. 127.

[3]) **Eduard Suess**: Antlitz der Erde. Wien 1885. 1. 550.

genau nördlich quer über die Meerenge den Absturz zu dem weit tieferen Becken des äusseren Vormeeres bezeichnet. Ziehen wir, den Tiefenverhältnissen folgend, diese Linie von den letzten zersprengten Ausläufern der über 2000 m hohen schwarzen Kalkberge des Râss al Dschebbâl[1]) zwischen der Inselgruppe Benât Ssalâma (Töchter der Sicherheit) an der grossen und der kleinen „Keilinsel"[2]) östlich an Lârak vorbei in 58° 37' O über Harmûs auf das Festland von Bandar Abbâss; sehen wir ferner die Einbuchtung von Kuweit im NW, die von Schâh Abû Schâh nördlich von Dilam in NO und die schon genannte an der Küste von Ssubâcha im S als die äussersten Grenzen an, so ergeben sich für die westöstliche Erstreckung 47° 52' bis 56° 40' O und für die süd-nördliche 23° 59' bis 30° 10' N.

Die Ausdehnung von West nach Ost auf einer Mittellinie kann nur im Winkel gemessen werden, dessen Scheitel etwa bei Ssir Abû Nair in 54° 14' O und 25° 13' N zu legen ist. Misst man dann von der Bahmischîr-Mündung nach SO bis zur Insel und von da, dem Wendungswinkel der Küste folgend, bis zur Tiefengrenze in der Strasse von Harmûs, so erhält man mit Hülfe des Willi Ule'schen Parallelkurvimeters genau 600 Seemeilen = 1111 km. Die gesammte Küstenlänge ergibt 1572 Sm = 2900 km,[3]) wovon auf persischen Boden 222 Sm = 411 km, auf arabischen 1020 Sm = 1889 km kommen; die Nordküste misst 128 Sm = 237 km, wovon auf das Deltaland des Schatt al Arabs 73 Sm = 155 km entfallen.

Die grösste Breite findet sich genau auf dem 52° O zwischen der Küste von Ssubâcha, an der Insel Yassât vorbei, und an der strandlosen Küste von Bardistân und Kangûn, wo der 1420 m hohe Dschebbel Ssar Ayenât dicht ans Meer herantritt. Während hier 224 Sm = 415 km gemessen werden können, verschmälert sich die Wasserfläche zwischen Râss Rakkan, der Nordspitze

---

[1]) William T. Blanford: Note on Maskat and Mussendim. RGeolSIndia 5. Calcutta 1872. 75.

[2]) So, The Quoins, ihres keilförmigen Aussehens wegen von den Engländern genannt. JRGS. 1838. 8. — Carsten Niebuhr 1772. 329. — Uebrigens sind gerade hier weiter im südlichen Theil des Meerbusens die Namen oft geändert worden.

[3]) Penck, Morphologie 1. 128 gibt 3100 km an, ohne Quelle oder Art der Messung zu nennen, Krümmel, Morphologie, Tafel 22 dagegen nur 2600 km.

von Katr, und Râss Nâband bis auf 98 Sm = 181 km. Die Zugangsbreite der Bahreinbucht beträgt 56 Sm = 104 km. Die schmalste Stelle finden wir zwischen Râss Mussendim und dem gegenüberliegenden Festland mit 45 Sm = 83,5 km, oder wenn man die Strasse von Harmûs nur bis zur Südspitze Lâraks rechnet, blos 27 Sm = 52 km.

Innerhalb dieser Grenzen hat der Persische Meerbusen nach meiner auf dem Vermessungsamt der Freien Reichs- und Hansestadt Hamburg vorgenommenen Berechnung einen Flächeninhalt von 223850 qkm. Dieser Werth wurde mit Hülfe eines Corradi'schen Polarplanimeters ermittelt und durch mechanisches Nachzählen auf Quadratmillimeter-Papier bestätigt. Zu Grunde lag dabei die grosse 2-Blatt-Karte der Britischen Admiralität in 1:1003000, wobei selbstverständlich der durch die Mercator-Projection gegebenen polwärts wachsenden Verzerrung Rechnung getragen wurde durch Benutzung der wirklichen Grössenverhältnisse für jeden Breitengrad nach Bessels Erdsphäroidwerthen. Diese bei allen Flächenmessungen auf Seekarten nothwendige Vorsicht scheint bei den früheren Berechnungen für den Persischen Meerbusen ausser Acht gelassen worden zu sein; nur so erklären sich die auffallenden Widersprüche der vorliegenden Ziffern. Das Segelhandbuch der Deutschen Seewarte für den Indischen Ocean[1]) gibt 236176 qkm oder 68816 QSm, während das englische Segelhandbuch[2]) rund 70000 Square Miles nennt. Krümmel[3]) hat 236835 qkm = 4301 Qm gefunden, sein Schüler Karstens[4]) in seiner kürzlich erschienenen Nachprüfung den etwas geringeren Werth von 236785 qkm, Penck[5]) rundet ab zu 237000 qkm. Alle diese Ziffern stützen sich, soweit selbstständige Berechnungen zu Grunde liegen, auf die britische Admiralitätskarte No. 748 b, das heisst auf die Nordhälfte der 2-Blatt-Karte des Indischen Oceans in 1:7600000. Bei diesem kleinen Maassstab sind zwar die Verzerrungen der nicht flächen-

---

[1]) Hamburg 1891. 4.
[2]) IOD. London 1876. 755.
[3]) Morphologie, Tafel 22.
[4]) Karl Karstens: Eine neue Berechnung der mittleren Tiefe der Oceane nebst einer vergleichenden Kritik der verschiedenen Berechnungsmethoden. Inaug.-Diss. Kiel 1894. 24.
[5]) Morphologie 1. 128.

treuen Projektion noch nicht allzu bedeutend, zumal bei so niedriger Breite; andrerseits ist in einem noch nicht in allen seinen Theilen gleichmässig bekannten und vermessenen Gebiet wie dem Persischen Meerbusen solch ein Maassstab noch nicht gross genug, um die Grössenverhältnisse einigermassen zuverlässig ermitteln zu können. Interessant ist zu sehen, wie mit dem Kartenmaterial sich auch das gewonnene Ergebniss ändert. Heinrich Berghaus hatte für Blatt 12 seines Atlas von Asia 1832 das beste damals vorhandene Material benutzt, die eben vollendete Karte der Kapitäne zur See J. M. Guy und G. B. Brucks von der Marine der Ostindischen Handels-Compagnie, die den Meerbusen in den Jahren 1821—29 aufgenommen hatten, worauf sich auch das heutige 2-Blatt-Kartenwerk der britischen Admiralität noch zum Theil stützt. Danach stellte er seine etwa auf ein Drittel „Reducirte Karte vom Persischen Golf" her, die immer noch mehr als dreimal so gross — 1 : 2 368 000 — ist, wie das später von Krümmel benutzte Blatt, und berechnete daraus in Mercators Projection für den Meerbusen einen Flächeninhalt von 4340 deutschen Quadratmeilen, d. h. von 268 038,40 qkm. Auf der mehr als doppelt so grossen Admiralitätskarte, ohne Rücksicht auf den Projektionsfehler gemessen, ergiebt sich sogar eine Fläche von 285 634 qkm, also über 60 000 qkm mehr als in Wirklichkeit. In dem kleinen Maassstab des Blattes „Iran und Turan" von Habenicht im Stieler'schen Atlas (1 : 7 500 000, Blattcorrectur bis 1894) ergiebt die polarplanimetrische Berechnung 236 982 qkm. Folgende Werte sind also bisher aufgestellt worden:

Jahr	Name	Quelle	Maassstab	Flächeninhalt in qkm
1832	Berghaus	Seekarte von Guy u. Brucks	1 : 2 368 000	238 969
1879	Krümmel	Seekarte Br. Adm. 748 b	1 : 7 600 000	236 835
1890	Persian Gulf Pilot, 3. Auflage	nicht genannt		239 000
1891	Segelhandbuch für den Indischen Ocean (Deutsche Seewarte)	nicht genannt		236 176
1894	Karstens	Seekarte Br. Adm. 748 b	1 : 7 600 000	236 785

Jahr	Name	Quelle	Massstab	Flächeninhalt in qkm
1894	Penck	nicht genannt		237 000
1896	G.	Seekarte Br. Adm. Ch. 2837 a b	1 : 1 003 000	223 850

Dem Unterschied von 12 935 qkm gegenüber, der sich noch mit der Neuberechnung von Karstens ergiebt, möchte ich ausser auf den Projektionsfehler noch vergleichsweise darauf hinweisen, dass Krümmels Flächenberechnungen des Rothen Meers nach dem mehrfach genannten Nordblatt des Indischen Oceans denen William Webers,[1]) der die grosse 5-Blatt-Karte Brit. Admiralty Ch. 2523 und 8 a b c d e benutzte, um 130 606 qkm nachstanden, dass selbst bei unserer Ostsee Ackermann[2]) 14 944 qkm (269 Qm) mehr berechnen konnte wie Krümmel.

Mit diesen 223 850 qkm erscheint der Persische Meerbusen als das weitaus kleinste intracontinentale Mittelmeer zweiter Grösse, noch nicht ein Zehntel so gross wie das Romanische Mittelmeer, nur das Californische Randmeer, mit dem er ungefähr auf gleicher Breite liegt, und die Adria ums Doppelte übertreffend. Ungefähr gleich kommt ihm die Ostsee ohne den Bottnischen und Finnischen Meerbusen; Ländermassen annähernd derselben Oberfläche bilden England mit Wales und Schottland. Vom Indischen Ocean nimmt er etwa den dreihundertsten Theil ein, den hundertdreissigsten ungefähr vom Gesammt-Flächeninhalt aller Mittelmeere (30 764 406 qkm).[3])

Den Flächeninhalt der Inseln zu berechnen, erscheint bei ihrer Unbekanntheit etwas verfrüht. Berghaus[4]) hat den Versuch gemacht, ihrer etwa 40 zu messen, und bestimmt ihren Flächeninhalt zusammen zu 1200 geographischen Meilen, worunter in seinem Memoir durchweg Quadratseemeilen zu verstehen sind; das wären also 4632 qkm. Selbst auf der grossen Admiralitätskarte ist es indessen noch nicht möglich, genau zu messen, da

---

[1]) William Weber: Der Arabische Meerbusen. Marburg 1888. 137.
[2]) Carl Ackermann: Beiträge zur physikalischen Geographie der Ostsee. Hamburg 1893. 3.
[3]) Werthe nach Karstens 1894.
[4]) Memoir 4 f.

viele Inseln mit unsicheren Grenzen angegeben und die Mehrzahl überhaupt noch nicht vermessen sind. Bei einer planimetrischen Berechnung fand ich für die zwanzig grössten unter ihnen 3761 qkm, wovon auf Kischm und Bahrein allein 2302 qkm entfallen, während die grossen Schwemmlandinseln des Deltalandes nicht mitgerechnet wurden. Penck[1]) berechnet die „Insulosität" des Golfs auf 18,4 %, was das Verhältniss der Inselfläche zur Wasserfläche so günstig gestalten würde wie bei keinem anderen Mittelmeer, da selbst das Britische Randmeer nach ihm nur 16,2 % aufweist, das Romanische Mittelmeer gar nur 3,6 %. Ueber fünfzig Inseln lassen sich zählen, über das ganze Meer vertheilt, dichter gedrängt am Ausgang und am südöstlichen Theil der persischen Küste. An der arabischen Seite finden sich zahllose, aber flache und kleine Eilande, Sandbänke und Klippen. Nur Bahrein ragt unter ihnen durch Bedeutung und Grösse hervor wie Kischm unter den persischen. Die übrigen sind selten grösser als 50 qkm; oft nur kleine, durch vulkanische Thätigkeit aufgeworfene Klippen, die nur wenige Meter überm Wasserspiegel hervortauchen,[2]) zuweilen beträchtlichere Felsen aus jungeruptivem Gestein, die bei kleinem Umfang hoch und weithin sichtbar emporragen, wie Ssir Beni Yâss, das bei 57,8 qkm Fläche eine Höhe von 165 m aufweist. — Im Anhang findet sich ein Verzeichniss der wichtigsten Inseln mit Berghausens und meinen Flächenberechnungen. —

2. Entstehung und geologische Uebersicht.

Der Form wie der Entstehung nach sind die beiden Küsten des Persischen Meerbusens von einander grundverschieden: die Nordostküste passt sich eng dem Verlauf der Faltenzüge des Zagros-Systems an als concordante Küste von pacifischem Typus, während uns im SW eine neutrale Tafellandküste entgegentritt. Zur weiteren Erkenntniss und Verfolgung dieses Unterschiedes ist es geboten, in Kürze die alle morphologischen Momente bestimmende geologische Entstehung und petrographische Beschaffenheit zu überblicken, soweit das bei dem heutigen Stande der Forschung möglich ist.

---
[1]) Morphologie 1. 131.
[2]) H. J. Carter: Journal of the Asiatic Society of Bengal. 28. 1859. SA 4. 29. — 1860. 7 ff.

Schon in der ersten und bisher einzigen Schrift, die in Deutschland über das Persische Meer erschienen ist, wird darüber geklagt, dass über eine Gegend, die so selten vom Auge eines Naturforschers betrachtet worden sei, sich so wenig vom geologischen Standpunkt aus sagen lasse. Mehr als sechzig Jahre sind verflossen, seit Heinrich Berghaus mit diesen Worten die Dürftigkeit seiner geologischen Darstellung des Persischen Meerbusens entschuldigte. Nicht eben viel Bereicherung hat unsere geologische Kenntniss jener Gegenden seitdem erfahren. Zwar finden sich in den Reisewerken über Nordpersien und Charâssân (London 1826 und 1840) von J. B. Fraser bei seinen „Geological Observations on Certain Parts of Persia" auch einige Bemerkungen über die Gestade des Persischen Meerbusens; zwar haben manche, auch streng wissenschaftliche Reisende seitdem hier geforscht, so vor allen die Officiere der britischen und der britisch-indischen Marine, die durch die amtlichen Beziehungen des britischen Residenten in Bûschar zum Statthalter von Bombay häufiger Gelegenheit gehabt haben, die durch ihre ungeheure Fieberhitze gefürchteten persischen Gewässer zu besuchen. Einer von ihnen, der Kapitän zur See C. G. Constable brachte von seinen zwei Vermessungsreisen, auf Grund deren er die grosse 2-Blatt-Karte des Meerbusens für die britische Admiralität fertigte, eine Reihe von Handstücken mit von den meisten bedeutenderen Inseln und einigen Küstenpunkten, die später in Bombay von dem Geologen H. J. Carter, dem Verfasser des „Summary of the Geology of India", bestimmt wurden.[1] Von Geologen selbst jedoch oder wirklichen Geographen hat erst einer den Weg hierher gefunden. Denn Cook,[2] der die Ssulimân- und Brâhûi-Kette erforschte, ist nicht über Balûtschistân hinausgekommen, und Carter,[3] der den Meerbusen von Omân untersuchen sollte, hat bei Masskat Halt gemacht. Auch die 1870 bis 1872 mit der Regelung der persischen Ostgrenze beschäftigte Commission, die sehr umfassende Untersuchungen angestellt

---

[1] Report on Geological Specimens from the Persian Gulf, collected by Lieutenant C. G. Constable IN. By H J. Carter, Late Bombay Medical Service. — JAS. Bengal 28. 1859. 1 und 29. 1860. 4.

[2] Journal of the Bombay Branch of the Royal Asiatic Society 4. 21 ff.

[3] RGeolSIndia 5. 41. — Memoir of the Geology of South East Arabia, by H. J. Carter. Journ. Bombay Branch RAS. 1852 January.

hat,[1]) brachte, obwohl sie von der Küste ausging, keine Nachrichten von Belang für die Geologie mit.

Nur William T. Blanford,[2]) Deputy-Superintendent der geologischen Landesaufnahme von Indien, der von Sir Frederic Goldsmid zum Mitglied des genannten Grenz-Ausschusses ernannt worden war, entschloss sich, die kurze Mussezeit, die er bis zum Aufbruch der Expedition hatte, zu einem Besuch des Persischen Meerbusens zu verwerthen. Er fand Gelegenheit, den Direktor des „Makrán Coast and Persian Gulf Telegraph" auf einer Dienstreise zu begleiten und einige wenige Punkte wie Gwâdar und Dschâschk an der makranischen Küste und die Inseln Kischm, Hingâm und Chârak im Meerbusen flüchtig zu besuchen. Seine übrigen Beobachtungen sind sämmtlich nur im Vorbeifahren an Bord des Kriegsschiffes Amberwitch gemacht worden. Nach seinen Ausführungen,[3]) sowie nach den Untersuchungen von Loftus,[4]) Carter[5]) und Černik,[6]) welch letztere schon von Eduard Suess zusammengefasst wurden, lernen wir die Stellung des Persischen Meerbusens zu seiner Umgebung kennen. Von der gegenüberliegenden arabischen Küste, wenigstens für den ganzen Theil nördlich von der Halbinsel Katr, fehlen dagegen jegliche geologische Nachrichten, da auch William Gifford Palgrave,[7]) der sehr schätzenswerthe Mittheilungen über diese abgeschlossene Küste der Wahhabi gemacht hat, hier keine naturwissenschaftlichen Untersuchungen ange-

---

[1]) Major Oliver St. John: Eastern Persia. An Account of the Journeys of the Persian Boundary Commission 1870—72. Published by Authority of the Government of India. London 1876. Dazu der zweite Band unter dem Titel: Zoology and Geology of Eastern Persia, by W. T. Blanford. With an Introduction by Sir Frederic Goldsmid.

[2]) Thomas Oldham's Annual Report GeolSIndia for 1871. Calcutta 1872. S. 3.

[3]) William T. Blanford ARSM. FRGS.: Note on the Geological Formations Seen along the Coasts of Bilúchistán and Persia from Karáchi to the Head of the Persian Gulf and on some of the Gulf Islands. Records GeolSIndia 5. 1872, 41—45.

[4]) William Kennett Loftus: Quarterly Journal of the Geological Society London 1855. 247—344.

[5]) Journal Asiatic Society Bengal 28. 1859. 1. — 29. 1860. 4.

[6]) PME. 44. 45.

[7]) Narrative of a Year's Journey through Central and Eastern Arabia. 1862—63. London 1865. 2. 195 ff.

stellt hat. Auch die Lothungen der indischen Marine, die sonst sehr viel zum Verständniss beigetragen haben, sind an dieser hafenlosen Küste ziemlich dünn gesäet, fehlen sogar an einzelnen Stellen völlig. Leider hat auch der neueste Reisende in Persien, der mit grossem geographischen Scharfblick begabte Hütten-Ingenieur und Alterthumsforscher Jacques de Morgan [1]) hier nur den Kârûn mit Muhamra und Ahwâs selbst besucht, im übrigen sich aber damit begnügen müssen, die Ufer des Persischen Meerbusens vom Deck eines englischen Dattelschiffes aus der Ferne zu betrachten. Da auch seine Darstellung [2]) für Suessens und Blanfords Ansichten neue Bestätigung bringt, so kann man bei der mangelhaften Kenntniss aller petrographischen und tektonischen Einzelheiten doch wohl Folgendes als gesichert betrachten.

Ingressionsmeer. Der Persische Meerbusen erscheint als eine zwischen der indo-afrikanischen Scholle und dem eurasischen Faltenlande eingelagerte Flachsee, die in ihrem ganzen Umfang, von der 100 m-Linie umschlossen, auf dem Festlandsockel liegt. Denn erst jenseits der Strasse von Harmûs, in 59° O zwischen Masskat und dem Râss Maidâni an der Küste von Makrân finden wir den plötzlichen Steilabsturz von 200 über 400 zu 4000 m,[3]) der den Meerbusen von Omân auf das Niveau des Arabischen Meeres stellt.

Jedenfalls hat die radiale Senkung, die sich aus der Zerlegung der krustenspannenden Kraft ergab und den tangentialen Schub auslöste, vor der Faltung der übergreifenden Zagroskette das Vorland zum Sinken gebracht, ähnlich wie die Emporfaltung des Kaukasus und des Alburs die Senkung des Kaspischen Meeres und die des Himálaya diejenige der hindustanischen Tiefebene veranlasst haben. Zwar lässt sich das in einem solchen Falle wie hier, wo gefaltetes und ungefaltetes Land homogene

---

[1]) Bulletin de la Société de Geographie. 7e Série 14. Paris 1893. 25.
[2]) Mission scientifique en Perse. 2. Paris 1895. 283 ff.
[3]) Im Segelhandbuch des Indischen Oceans (Deutsche Seewarte 1891) Seite 9 heisst es, der PMb. wäre nur in der Nähe seines Ausgangs an und über 100 m tief, „sogar noch die südlich der Strasse von Hormus gelegenen Theile des Golfs von Oman reichen nicht über 200 m herab". Dazu ist zu bemerken, dass nach Brit. Adm. Chart 2837a mit den Eintragungen vom März 1891 schon in 25° 41' N 100 Faden und in 25° 32' sogar 199 Faden = 364 m gemessen worden sind.

Schichten aufzuweisen scheinen.¹) nicht mit völliger Sicherheit erkennen, wie ja überhaupt die Grenze des eurasischen Faltenlandes gegen das südliche ungefaltete Vorland auch anderwärts schwer genau zu ziehen ist. Selbst in Syrien, wo bei dem landschaftlich so stark ausgeprägten Gegensatz²) zwischen dem Taurus-System und der innersyrischen Miocänbucht, die mit dem mesopotamischen Schwemmland die Fortsetzung des Persischen Meeres bildet, die Abgrenzung noch am leichtesten zu erkennen sein sollte, ist, wie Blanckenhorn³) gezeigt hat, die thatsächliche Grenze nirgends scharf gezeichnet.

Längs der Faltungsküste ist das Meer eingetreten und hat die Unebenheiten des Senkungsfeldes mit seinen Vorfalten eingeebnet, dabei unterstützt von der eifrigen Anschwemmungsthätigkeit des Schatt al Arabs, der mit seiner riesigen Sedimentführung rasch seine durch Untertauchen unterseeisch gewordenen Hohlformen ausfüllte⁴) und von den Faltenzügen nur die höchsten Kammspitzen, wie die Inseln Schaich Schuaib, Kisch, Farûr, Kischm und Lârak sichtbar liess.⁵)

Ich möchte die Entstehung des Persischen Meerbusens mit derjenigen der in gewisser Hinsicht wohl ähnlichen Nord-Adria vergleichen, mit jenem flachen Theile, der durch die Schwelle zwischen Monte Gargáno und Sabioncello so entschieden von dem südlichen Tiefbecken getrennt wird, das zwischen Bari und Durazzo schon die Tiefe von 1645 m erreicht. Abgesehen davon, dass der arabischen Scholle an der Westküste der Adria das Faltengebirge des Apennins, wenn auch stark zertrümmert, entspricht und das wirkliche Schollenland mit den Tavogliere di Puglia als adriatisches Apennin-Vorland weiter nach Süden gerückt ist, entsprechen und wiederholen sich die Verhältnisse genau: Faltengebirge mit gesenktem Vorland auf der östlichen Seite, Ueberfluthung des Senkungsfeldes, continentale Abgliederungs-

---

¹) Suess, Antlitz der Erde, 1. 484 und 552, glaubt das für die iranischen Ketten und die arabische Tafel annehmen zu dürfen.
²) Jozef Černik PME. 1875. 44.
³) Max Blanckenhorn: Grundzüge der Geologie und physikalischen Geographie von Nord-Syrien. Berlin 1891. 35.
⁴) Richthofen, Führer 1886. 618ff. — Alfred Philippson: Ueber die Typen der Küstenformen. Richthofen-Festschrift 1893. Berlin. S. 10 f.
⁵) Morgan, Mission 2. 1895. 286.

inseln; selbst die nordwestliche Schwemmlandküste mit stark vordringenden Sedimenten fehlt zur Vervollständigung des Vergleiches nicht. Die Frage, ob sich auch in der Strasse von Harmûs, wie in der Adria über die Pelagosa-Gruppe zu den Süddalmatischen Inseln, so über die Ausläuferinseln der arabischen Halbinsel der Berge mit den Zügen von Lâristân ein Zusammenhang herstellen liesse, kann heute noch nicht gelöst werden, gewinnt aber an Wahrscheinlichkeit, seit Morgan die überraschende Entdeckung gemacht haben will, dass auch die Berge von Omân den iranischen Ketten parallele Faltenzüge aufweisen.[1]) Im Uebrigen lassen die Tiefenverhältnisse, die auf dieser Strecke nicht über 100 m aufweisen, vermuthen, dass auch in der Strasse von Harmûs der Durchbruch des Meeres nicht vor dem Pliocän erfolgte, wenn nicht vielleicht gar, wie in der Adria, in postglacialer Zeit. Weitere Schlüsse zu ziehen, gestatten uns die noch völlig unzureichenden Kenntnisse nicht, die uns die geologischen Mittheilungen von Blanford und Carter bisher vermitteln.[2])

Die an den Küsten des Persischen Meerbusens zu Tage tretenden Schichten fasst Blanford[3]) in drei Gruppen zusammen: die Salzlager von Harmûs, die Makranische Gruppe und die geologisch und morphographisch besonders wichtige ganz jugendliche „Littoral-Concrete-Formation".

Die älteste dieser Schichten, von Blanford die „Hormûz Salt Formation" genannt, kommt, anscheinend fossilfrei, nur örtlich auf einigen Inseln vor und hat für die Ausgestaltung

---

[1]) Während nach Carter, J. Bombay Branch RAS. 1852. January noch Râss Mussendim aus flachgelagertem dunkeln Kalkstein besteht, heisst es bei Morgan 2. 285: „Ces plis sousmarins forment la transition entre ceux de l'Iran et les montagnes de même nature situées en Arabie, et lorsque, longeant les côtes du golfe de l'Omân et de l'océan Indien, on passe en revue toutes les falaises qui s'élèvent dans cette partie du littoral arabe, on est frappé de retrouver une série de plis continus parallèles à ceux de la Perse méridionale."

[2]) Auch Morgan äussert sich hierüber nur vorsichtig. Mission 1895. 2. 283: Les montagnes de l'Arabie, Rueys al Djébal, et celles de la côte persane étaient peut-être alors reliées les unes aux autres. Dans tous les cas, la brisure, si jamais elle a résulté des mouvements géologiques, n'avait pas la largeur qu'elle possède de nos jours.

[3]) RGeolSIndia 4. 1872. 41 ff.

der Küsten keine Bedeutung.[1]) Wichtiger, weil weiter verbreitet und besser gekannt, ist die Makranische Gruppe. Während sonst im ganzen südpersischen System in den inneren Falten vom oberen Tigris an bis nach Balûtschistân und von da mit gewendetem Streichen bis zum Tacht Ssulimân auch die jüngsten sichtbaren Tertiärablagerungen Faltung erlitten haben,[2]) treten entlang der Nordküste des Persischen Meerbusens von Makrân bis Bûschar ungestört und discordant ganz jugendliche marine Ablagerungen auf, die augenscheinlich noch jünger sind wie die Nummulitenkalke, aus denen noch das Râss Mubârik (auch Cap Monze genannt) besteht, am letzten ins Meer vorspringenden Ausläufer der Kirtharzüge bei Karâtschi. Denn die Nummulitenfauna der Küste von Balûtschistân ist, zumal in den Flachseeen, ganz ausgestorben, während sich unter den zahlreichen Cirripediern, Balanen, Pecten und Osträen der Makrângruppe Fossile finden, die noch heute lebend im Persischen Meerbusen vorkommen. Diese tertiären Ablagerungen treten in grosser Mächtigkeit, durchschnittlich in Lagern von 150 m, auf und bedecken am ganzen Gebirgsrande die äusseren Mulden und Sättel. Sie bestehen vorwiegend aus einem verhärteten hellgrauen Thon, gelegentlich von Gips und Mergel durchsetzt. Suess möchte sie ihrem Alter nach mit der dritten oder vierten Mediterranstufe zusammenstellen. während Blanford die „milliolitischen" Ablagerungen von Kâthiâwâr und Südostarabien für gleichen Alters hält.

Die dritte, eigentlich küstenbildende Gesteinsformation des Meerbusens ist dadurch bemerkenswerth, dass sie einen unzweideutigen Beweis für negative Strandverschiebungs-Bewegungen liefert. Es handelt sich um einen lockeren Kalkstein reich an Konchylien und Korallen, ganz jungen, vielleicht quartären Alters, der in seiner Struktur häufig an den calcaire grossier des mittleren Eocäns im Pariser Becken erinnert und wie dieser einen vorzüglichen Baustein liefert. So ist ausser anderen Küstenstädten auch die grösste Siedlung der persischen Küste, Bûschar, ganz auf und aus diesem Kalkstein erbaut, der sich hier zu

---

[1]) Näheres siehe im Anhang, Zusatz 10, über dieses bemerkenswerthe Vorkommen, das vielleicht gleichaltrig ist mit den karpathischen Salzbildungen aus dem Schlier zwischen der ersten und zweiten Mediterranstufe.

[2]) Suess, AE. 1. 551.

einer kleinen Halbinsel dem Schwemmland angegliedert hat. Als flache Ablagerung, selten mehr als 6 m über dem heutigen Strande erhaben, findet sich diese von Blanford nach einem ähnlichen Vorkommen in Gudschrât „littoral concrete" genannte Bildung von Dschâschk an der ganzen Küste entlang bis weit landeinwärts ins Schwemmland des Schatt al Arabs hinein; ja Loftus[1]) fand sie noch 240 km über Korna, am Zusammenfluss von Euphrat und Tigris, hinaus, also etwa 400 km vom Meere entfernt. An einzelnen Punkten, wie an der Ostküste der Inseln Harmûs, Hingâm und Kischm[2]) versteht Blanford unter Littoralconcret trockenliegende Korallenbänke, und auf der Insel Chârak, NO von Bûschar, kann man das Gestein, aus dem das Eiland selbst besteht, mit dem sehr ähnlichen des umgebenden Wallriffes vergleichen.[3]) Damit wäre auch der Persische Meerbusen, wenigstens mit seiner Nordküste, eingereiht in die lange Linie negativer Strandverschiebungen, die sich von Port Elizabeth, wo noch in einer Höhe von 21 m Meereskonchylien im Sande gefunden werden, an der ganzen ostafrikanischen Küste entlang über Südarabien bis zum westlichen Indien verfolgen lässt,[4]) während die Ostküste Arabiens umgekehrt Senkungserscheinungen aufzuweisen scheint.[5]) —

Vulkanische Thätigkeit. Die für manche Mittelmeere charakteristischen Erscheinungen des Vulkanismus sind im Persischen Meerbusen nur ungenügend ausgeprägt, zum Theil wohl auch noch nicht zuverlässig bekannt. An so grossartige Fälle, wie sie die erloschenen oder schlafenden Vulkane Kûh Hasâr, Bassmân, Nauschâdar und Taftân[6]) darstellen, wird an der Küste oder auf den Inseln nicht zu denken sein. Indessen wird eine Zahl von Vorkommen jungeruptiver Gesteine genannt, die es wahrscheinlich machen, dass auf der ganzen südlichen Hälfte der Abgleitungslinie der Faltenzüge Ausbrüche, wenn

---

[1]) W. K. Loftus FRGS.: On the Geology of Portions of the Turko-Persian Frontier etc. QJGeolS. 11. 1855. 251.

[2]) JRGS. 1864. 253.

[3]) RGeolSIndia 5. 46.

[4]) Oskar Peschel: Neue Probleme zur vergleichenden Erdkunde. Leipzig. 3. Aufl. 1878. 107. — Suess, AE. 2. 641 f. PM. 1868. 362.

[5]) W. T. Blanford: Note on Maskat and Musandim on the East Coast of Arabia. RGeolSIndia 5. 1872. 75 ff.

[6]) PM. 1877. 70.

auch kleineren Maassstabes, stattgefunden haben. Auf dem Râss al Dschebâl sollen Basalte, auf der Insel Kîsch in 54° O deutliche zur See führende Lavaströme gesehen worden sein.[1]) Sicherer sind dagegen die von Blanford[2]) auf Harmûs gefundenen Dolerite und Trachyte, sowie die nicht näher bezeichneten Eruptivgesteine auf Lârak, O von Kischm, die ganz an diejenigen der rein vulkanischen Insel Dhâlma (in 52° 19' O und 24° 30' N) erinnern.[3]) Sämmtliche Inseln westlich vom Eingang des Golfs und die zahlreichen kleinen Felseninseln in der südlichsten Ausbuchtung, die auf älteren englischen Karten unter dem Namen East India Company Islands zusammengefasst werden, sind durch vulkanische Thätigkeit emporgehoben und zwar in nachmiocäner Zeit, da die hervorgebrochenen Eruptivgesteine, meist dioritischer Trapp, fast überall überlagert sind von jenem muschelführenden weissen Kalkstein, den Carter an der Küste von Kâthiawâr und Omân Milliolit benannte. Durchschnittlich ragen sie wenigstens 60 m überm Wasserspiegel empor, Sirkûh (in 53° 6' O und 24° 53' N) sogar 165 m.[4]) Die kraterähnlichen Hohlformen aber auf Hingâm verdanken ihre Entstehung jedenfalls nicht vulkanischen Vorgängen, sondern nur dem Einsturz der von den zerstörenden Kräften des Luftkreises und des Wassers zernagten Salzdecke. —

Sintfluth. Neben diesen spärlichen und theilweise zweifelhaften Belegen für recente vulkanische Thätigkeit muss vor Allem ein geologisches Ereigniss hervorgehoben werden, das von seinem Ursprung im Persischen Meerbusen aus Eingang gefunden hat in die Weltentstehungssagen aller Völker und auch in die religiösen und wissenschaftlichen Anschauungen des mediterranen christlichen Kulturkreises eingedrungen ist und sich bis in die neuesten Zeiten hinein eine verderblich herrschende Stellung bewahrt hat: ich meine die Sintfluth, die aufs Engste mit dem Persischen Meerbusen verknüpft ist.

---

[1]) Berghaus, Memoir 1832. 5. nennt dafür als Gewährsmann William Price, der als Privatsecretär des englischen Gesandten Sir Gore Ouseley 1825 eine Reisebeschreibung verfasste.
[2]) RGeolSIndia 5. 42.
[3]) Lieutenant Whitelock IN.: Descriptive Sketch of the Islands and Coast situated at the Entrance of the Persian Gulf. JRGS. 8. 1838. 132.
[4]) Journal Bombay Branch RAS. 1852. January SA. 3—5.

Die glücklichen Funde und der kritische Scharfsinn der Assyriologen setzen uns heute in den Stand, dieses grosse Naturereigniss, das bei allen von der semitischen Kultur des Zweistromlandes abhängig gewordenen Völkern den Anfang geschichtlich sagenhafter Ueberlieferung bezeichnet, auch an den Anfang der geschichtlichen Nachrichten vom Persischen Meerbusen zu setzen. Wir wissen heute, dass diese gewaltige Entfesselung der Elemente, von der sich bei dem ältesten vorderasiatischen Kulturvolk wirkliche Erinnerungen lebendig erhalten haben, eine örtliche, nur auf Mesopotamien beschränkte Erscheinung war, dass ihre unmittelbare Veranlassung in gewissen Vorgängen innerhalb des Persischen Meerbusens zu suchen ist.

Unter den Tausenden von Thontafeln, die das Britische Museum 1854 aus den altbabylonischen Literaturfunden des Chaldäers Hormusd Rassam (bekannt als Gehülfe Layards) auf der Trümmerstätte von Niniveh erworben hatte, entdeckte anfangs der siebziger Jahre der englische Assyriologe George Smith (Mitarbeiter an Sir Henry Rawlinsons keilschriftlichen Veröffentlichungen) Bruchstücke einer alten Heldendichtung auf Thonscherben, die der Bibliothek des Königs Assurbanipal (7. Jahrhundert v. Chr.) angehört hatten.[1]) Nachforschungen an Ort und Stelle lieferten ergänzende Bruchstücke, sodass nach 12 Jahren, nachdem die geniale Entzifferungsmethode deutscher und englischer Sprachforscher sich bewährt hatte, Paul Haupt[2]) einen zusammenhängenden Text der Dichtung herausgeben konnte. In diesem alten Heldenliede, das ohne Zweifel in die ältesten Zeiten mesopotamischer Ueberlieferungen hinaufreicht, wird auf der elften Tafel eine anschauliche Schilderung der Sintfluth gegeben, bei der es sich wohl lohnt, etwas zu verweilen, weil sie nicht nur weit älter ist als der in religiöser Umrahmung auftretende Bericht der Genesis, sondern auch, überhaupt eines der ältesten Denkmäler dichterischer Schöpfung, die erste Erwähnung bringt, die wir vom Persischen Meerbusen besitzen.

---

[1]) **Alfred Jeremias**: Izdubar Nimrod. Eine altbabylonische Heldensage. Leipzig 1891. 7f.

[2]) **Paul Haupt** (jetzt Professor der semitischen Sprachen an der John Hopkins University zu Baltimore): Das babylonische Nimrod-Epos. Leipzig 1884—1891. (Dritter Band der Assyriologischen Bibliothek von **Delitzsch** und **Haupt**.)

Der Held des Liedes ist der später unter die Götter versetzte gewaltige Jäger Isdubar.[1]) Ihm erzählt sein Ahne Schîtnapischtim, „der Gerettete", der bei Bêrôssos unter dem Namen Xisuthros auftritt, nach eigener Anschauung den Hergang der vernichtenden Ueberschwemmung, mit der der Gott Bel, der Herr über Regen und Fruchtbarkeit, die sündhaften Menschen zu strafen beschloss. Es wird geschildert,[2]) wie Ea, der Gott der Wassertiefe, den zur Rettung vom allgemeinen Untergang ausersehenen Schîtnapischtim rechtzeitig warnt, ihm räth sich ein Schiff zu bauen, gross genug allen Lebensbedarf zu fassen, durch Erdpech und Naphta[3]) gekalfatert gegen die Wogen. Unter dem Donner des Wettergottes Rammân, bei dem Feuer der verderbenbringenden Erdgeister Anunnaki brechen die Fluthen Ninibs[4]) herein wie ein Schlachtsturm auf die Menschen, die „wie Fischbrut das Meer erfüllen und wieder zu Lehm gemacht werden". Erst am siebten Tage hören Orkan, Platzregen und Sturmfluth auf, das Meer „ward enger", aber die Menschen waren wieder zu Erde geworden. Nur Schîtnapischtim war mit seinem Weibe übrig geblieben, Bel selbst macht sie zu Göttern und lässt sie in der Ferne „an der Mündung der Ströme" wohnen.[5])

Auch in der epischen Einkleidung lassen sich die Grundzüge der furchtbaren Naturereignisse deutlich erkennen. Während

---

[1]) Die Lesung des Namens steht nicht fest. Die phonetische Umschrift, die sonst in den Keilschriften beigegeben ist, hat sich nicht erhalten. Man hat unter Anderem die Lesung Namrûdu vorgeschlagen und damit Nimrôd, den aus Genesis 10. 8 ff. bekannten babylonischen Helden, in Zusammenhang gebracht. Neuerdings glaubt man ein Syllabarfragment gefunden zu haben, aus dem die Lesung Gilgamesch hervorgehen soll. Vgl. A. H. Sayce in The Academy 1890, November, 8 th.

[2]) Reconstruction und Uebersetzung der Tafel 11 bei Jeremias S. 32 bis 36. — Peter Jensen: Kosmologie der alten Babylonier. 1890. 384 ff.

[3]) Vgl. dazu PME. 44. S. 23.

[4]) Welches Element dieser Gott vertritt, ist wie vieles Andere im Text noch unklar.

[5]) Die ausführliche Darstellung, die Suess zu Anfang seines Werkes giebt, weicht etwas ab, da sie auf älteren und unvollkommeneren Lesungen des Textes beruht. (Haupt in Eberhard Schraders „Keilinschriften und Altes Testament". Giessen 1883.) So wird dort der Gerettete Hasis-Adra genannt, während sich nach jetziger Lesung Adrachassis nur als ein Vermittler zwischen den Göttern und Schîtnapischtim erkennen lässt.

einer grössern seismischen Periode mögen wiederholte Erdstösse (die Warnung des Gottes Ea) die Wasser des Persischen Meerbusens in das flache Schwemmland des Schatt al Arabs geworfen haben, bis eine Cyclone, die vielleicht auf dem alten Wege von dem Ausgangspunkt bei den Andamen ihre Strasse durch den Indischen Ocean in den Meerbusen nahm,[1]) sich im Höhepunkt der Störungen mit den vulkanischen Kräften verband, um die verheerenden Wirkungen hervorzubringen. Aussergewöhnliche Störungen in der Atmosphäre, Platzregen, Sturm, die Finsterniss des Wirbelsturms, nur durchbleuchtet von den eruptiven Feuern (der Anunnaki, die „in ihrem Glanze das Land erzittern machen"), werden die Katastrophe begleitet haben, während deren mehrtägige Seebeben („Rammâns Wogenschwall stieg zum Himmel empor") das Meer in die mesopotamische Niederung eintreten liessen.[2])

Nach dieser Sintfluth sind in den letzten Jahrtausenden am Schatt al Arab keine Überfluthungen eingetreten, wie solche noch in der jüngsten Vergangenheit die Mündungsgebiete des Indus und des Brahmaputra heimgesucht haben. So wird vom Jahre 1737 vom Gangesdelta eine Sturmfluth berichtet, die den Fluss 12 m hoch über seinen gewöhnlichen Wasserstand gehoben und dreihunderttausend Menschen das Leben gekostet haben soll.[3]) Am Schatt al Arab aber schieben sich seitdem die Mündungen ungestört immer weiter in den Golf hinein vor. —

3. Küstengestaltung.

Die persische Küste ist eine echte Steilküste. Die gewaltigen Ketten, deren höchste Spitzen von mehr als 4000 m

---

[1]) Man glaubt die Strasse der grossen Cyclone vom October 1842, die die Gestadeländer des Bengalischen Meerbusens verheerte, bis zu den Bahrein-Inseln verfolgen zu können. Suess AE. 1. 78 Anmerkung. H. Piddington, Eigth Memoir of the Law of Storms in India. JRAS Bengal 1843. 339—99, besonders Seite 379: Karte mit dem Wege des Wirbelsturms von den Andamanen mit abzweigenden Wirkungen bis zu den Bahrein-Inseln im Persischen Meerbusen. Andrerseits behauptet der PGP. 1890. 11, dass die Cyclonen des Arabischen Meers sich an der Küste von Makrân nur durch starken Barometerfall, schwere Dünung von Süden mit dichter Bewölkung und wechselnder Witterung, darauf mit starkem SW, bemerkbar machen.
[2]) Suess AE. 1. 77f.; 91f.
[3]) JRAS Bengal 12. 1843. 1040. — Suess AE. 1. 54. 68f.

Höhe schon an der Küste über den sich hintereinander aufthürmenden Reihen dem blossen Auge sichtbar werden, senken sich in raschem terrassenförmigen Absturz zum Meer, an das sie fast auf der ganzen Strecke dicht herantreten.[1]) Nur am nördlichsten Viertel, etwa von Búschar an zum Schatt al Arab, und gegen den Ausgang von Tschârak (54° 17′ O) an östlich, befindet sich eine schmale Küstenebene vor den Ketten, unter dem Namen Garmssir (heisses Land) oder Daschtistân (Flachland) bekannt, die im N sandig und trocken ist, im S mehr feucht und sumpfig, bis zum mangrowenbestandenen Sumpfland. Da scheint die Brandungswelle durch Abrasion dem Faltenlande Raum abgewonnen zu haben; denn gerade an den Theilen der Küste findet sich der flache Streifen vorgelagert, wo der Windstau am Ungehindertsten in der abradirenden Brandung seine Kraft walten lassen kann: im nördlichsten Theil der Nordostküste, der besonders dem fast das ganze Jahr wehenden Schamâl[2]) (Nordwestwind) ausgesetzt ist; und in geringerem Maassstabe an der Nordostküste der Meerenge, die von der Brandung der aus dem Indischen Ocean abirrenden winterlichen SW-Winde getroffen wird. In der grossen südlichen Ausbuchtung der durch die tangentiale Bewegung am weitesten vorgedrängten Ketten erscheint der äusserste und niedrigere Rand zertrümmert zu vorlagernden Inseln, deren Struktur noch deutlich die wechselnde Richtung der festländischen Züge bewahrt. So lässt sich der morphologische Zusammenhang noch deutlich erkennen bei den Inseln Schaich Abû Schuaib, Schitwâr, Kisch und Kischm, deren geologischer Aufbau ebenfalls diesen tektonischen Zusammenhang zu bestätigen scheint. Auf Kischm zum Beispiel erscheinen die Ablagerungen der Makrângruppe, die den Hauptstock der Zagrosfaltenzüge bildet, auf der ganzen Länge von 110 km noch in einer Mächtigkeit von 150 m und mehr.[3])

An der übrigen Küste treten die äussersten Ränder des Faltensystems viel dichter und in weit grösserer Höhe an die Küste heran als unsere Karten kleinen Maassstabs ver-

---

[1]) Vgl. den allerdings sehr stark überhöhten, aber anschaulichen Querschnitt J. de Morgans, der auf Tafel 1 Figur 1 aus Mission scientifique en Perse 1. 1894. 3 übernommen ist.
[2]) PGP. 1890. 6.
[3]) JRAS Bengal 28. 1859 SA 3.

muthen¹) lassen. Schon bei Bâraki, in 28° 30′ N, wo das Tangistân (Land der Schluchten) beginnt, erhebt sich der Bû Rayyâl mit 760 m unmittelbar an der Küste, dann folgt eine niedrige Strecke Flachland, bis in 27° 40′ am Râss Mutâf, südlich vom Vorgebirge Dschabrîn, wieder die Ausläufer der Dîrang-Berge mit 1000 m sich nähern. Unmittelbar an die Küste heran reicht das Massiv des Ssir Ayenât — auf den englischen Karten Barn Hill (Scheunenberg) genannt — mit 1420 m und das des Ssir Gafal mit 1484 m. Einen schmalen Streifen Vorlands von 3 oder 4 km lässt der beim Râss Nâband beginnende Gebirgszug Assbân, der in seinem Endpunkt im Dschebbel Turandschi 1570 m und in seiner grössten Küstennähe nur 330 m erreicht. Grössere Höhen weisen dann wieder die Spitzen des Hinterlandes von Tschârak und Linga auf, deren höchste, auf der Admiralitätskarte noch unbenannte Erhebung, mit 860 m, Bassidu auf Kischm gegenüber, dicht an die Clarence Strait herantritt. Die gegenüber der nördlich in die Strasse hineinragenden Spitze von Kischm sich erhebende Chamir-Spitze von 1130 m Höhe liegt auch nur 6 km vom Strande entfernt.

Hier erst, wo die äussern Randzüge der Falten eine Scharung aufweisen und SSO umbiegen, verbreitert sich der Küstensaum zu 35 und 40 km, so dass auch die beiden stattlichen Eckpfeiler der Strasse von Harmûs, der Dschebbel Schamil (56° 49′ O und 27° 33′ N) und Dschebbel Biss (57° 32′ O und 26° 21′ N) mit ihren weithin sichtbaren Erhebungen bis zu 2600 m 30 und 50 km von der Küste entfernt bleiben.

Ein viel weniger grossartiges und anziehendes Bild bietet das Arabische Gegengestade. Zwar kann über diese Küste noch nicht endgültig geurtheilt werden, so lange unsere Kenntniss davon noch so lückenhaft ist, wie sie selbst auf den neuesten Ausgaben der britischen Admiralitätskarten (März 1891) erscheint. Weite Strecken sind noch gar nicht aufgenommen worden, und nur wenige Punkte wurden überhaupt von Europäern betreten.

Im Gegensatz zum iranischen Ufer ist diese mehr als viermal so lange arabische Seite in ihrer ganzen Ausdehnung ein-

---

¹) So z. B. auf den Blättern in Stielers Handatlas 1893. 59 und PM. 1877 Tafel 4. Besser tritt der wirkliche Sachverhalt hervor auf Blatt 40 im Neuen Handatlas von Debes 1895.

förmig flach und sandig, nur selten von geringen Erhebungen durchsetzt, die vulkanischen Ursprungs zu sein scheinen. Eindrucksvoll und mächtig ist nur der Anfang an der Meerenge, wo nach dem Flachland Al Battina, das den nordwestlichen Küstensaum von Omân bildet, die Ausläufer des Ruûss al Dschebâl (Halbinsel der Berge) dichter ans Meer herantreten und sich in einer Seenähe von 10 bis 20 km noch zu 2000 m aufthürmen. Während an der ganzen übrigen Küste des Meerbusens bei dem Mangel an atmosphärischen Niederschlägen kaum irgendwo Verwitterungserscheinungen von Bedeutung beobachtet werden können,[1]) bietet der mächtige Stock des Dschebbel al Asswad (schwarzen Gebirges) ein Bild vorgeschrittener Zerstörung dar. Wild zerklüftet, in unzählige Zungen, Inseln und Buchten zersprengt, ist er ein Beweis, wie die Brandung dem schwarz verwitterten Kalkstein, den manche Reisende irrthümlich für Basalt ansprachen,[2]) zugesetzt hat und wie die Wasserdämpfe, die der Scharki (SO) vom Indischen Ocean vom December bis April gegen die steile Küste führt,[3]) als Regen niedergeschlagen die Zertrümmerung des erhitzten Gesteins beschleunigen. Von 2000 m (Dschebbel Harim) stürzt das Gebirge in grotesken Zerklüftungen und Spitzen rasch ab zu 1000 m (Dschebbel Ssibi) um auf dem vorgeschobensten Posten, der Insel, die dem Cap den Namen gegeben hat, nur noch 270 m aus dem Meere emporzuragen. Mussendim selbst ist eine dreieckige Felseninsel von nur 3,3 qkm Umfang, in deren unmittelbarer Nähe nach N und O die grössten Tiefen der persischen Gewässer sich befinden. Das Vorgebirge, das die festländische Nordspitze von Omân bildet, ist das Râss Kabr Hindi — von Whitelock JRGS. 8. 1838. 181 wohl fälschlich als „Grab des ungläubigen Indiers" übersetzt, 40 m hoch, durch den Bâb al Assad (Löwenrachen) von der vorlagernden Insel getrennt.[4])

---

[1]) Emil Tietze: Bodenplastik und geologische Beschaffenheit Persiens. Mittheilungen der k. k. geogr. Gesellschaft Wien 1886, 517.

[2]) Whitelock JRGS. 8. 1838. 181.

[3]) PGP. 1870. 7.

[4]) Auf Tafel 2 ist die Strasse von Harmûs mit ihren interessanten Formen im vierfachen Maassstab der Hauptkarte dargestellt; Figur 3 auf Tafel 1 giebt davon ein Profil, wobei für die Länge derselbe Maassstab beibehalten ist.

Beim Dschebbel asch Schâm (Nordberg) in 26º 2' N beginnen die Berge, die hier unmittelbar aus dem Meere mit 760 m aufsteigen, zurückzutreten. Der eigentlich arabische Charakter der Küste tritt hervor, der einer Wüstentafel, langgestreckt, flach, sandig, ohne augenfällige Oberflächenformen und in der Horizontale nur gestaltet durch zahllose Scherme und Calas, wie sie für solche regenarmen Wüstenküsten bezeichnend sind. An ihrem mangrowenbestandenen Ausgang, zugleich dem eines brackischen Chôrs, findet man noch einige volkreiche Siedelungen, bis bei Schardscha,[1]) der letzten grösseren Stadt mit 10000 Einwohnern, die menschenfeindliche, regenlose, pflanzenarme Küste beginnt, die die grosse Perlbank begleitet. Grosse Strecken Landes werden regelmässig vom Meere überfluthet, so dass sich zahlreiche flache Inseln abgelöst haben, andere noch durch Watten mit dem Festland zusammenhängen. Haken und Nehrungen treten an der noch fast ganz unbekannten Küste der Bucht von Bahrein auf, erst beim Râss Kaliya in 28º 52' N treten niedrige Höhenzüge und Sandrücken an die Küste heran, die in lang ausgezogenen, fast gradlinigen Bögen bis Kuweit verläuft.

Ein englischer Seeofficier stellte einmal den Unterschied der Gestade des Persischen Meerbusens mit wenigen Worten so dar: auf der arabischen Seite eine niedrige Linie von Sand, darauf ein Haufen weisser viereckiger Gebäude und darüber der Himmel — auf der persischen Seite genau dasselbe, nur zwischen Sand und Himmel noch Gebirge. Und das Gebirge macht in der That allen Unterschied. Die geringen Niederschläge, die an diesen ausgedörrten Küsten möglich sind, werden der gebirgigen Nordküste zu Gute kommen. Da aber der Wind, der das ganze Jahr hindurch weht, aus NW kommt und die mitgeführte Feuchtigkeit längst beim Durcheilen der mesopotamischen Tiefebene verloren hat, kann die Hoffnung auf Regen sich nur auf den kurzen winterlichen Scharkî (SO) richten, der erfrischende Feuchtigkeit vom Golf von Omân bringt[2]) und zum weitaus grössten Theil der Persischen Küste zuführt. Auch

---

[1]) Zu dieser auffälligen Schreibung siehe W. G. Palgrave: Narrative of a Year's Journey through Central and Eastern Arabia. London 1865. 2 301.
[2]) Segelhandbuch für den Indischen Ocean 1891. 78. — PGP. 1890. 6.

wenn, was häufig genug der Fall ist,[1]) gleichzeitig und stärker der altgewohnte Schamâl (NW) weht, werden die vom Omanischen Meer hereingebrachten Wolken wieder zurückgetrieben und an der dann ebenfalls wieder zumeist getroffenen NO-Küste zur Entladung gezwungen. Unter diesen Umständen ist es erklärlich, wenn das verrufene Klima des Persischen Meerbusens auf der iranischen Seite erträglicher wird wie auf der arabischen, wenn die unternehmenden Araber, soweit sie der Seeraub nicht befriedigte, seit alter Zeit auf die Gegenküste übersiedelten, wo sie ausser dem Dattel- und Perlenhandel ihrer heimischen sechs Häfen Schardscha, Abû Dhabbî, Bidâ, Manâma, Katîf und Kuweit noch die mannigfachen Anknüpfungen und Handelsbeziehungen fanden, die das bedeutende Hinterland von Irân und der grosse Durchzug des Welthandels von Harmûs zum Schatt al Arab mit sich brachten. Daher die dichtgesäeten Dörfer und Städte auf der persischen Seite, die auch heute noch grösstentheils von Arabern bewohnt sind. —

Die Schwemmlandküste. Fast die ganze Ausdehnung der Nordwestküste gehört dem Deltaland von Euphrat und Tigris an. Rechnet man die Ausbreitung der angeschwemmten Sinkstoffe vom westlichen Mündungsarm in 48° 10′ O bis zum Râss Hull Barkân in 49° 34′ O, so ergiebt sich für das Mündungsgebiet eine Breite von 155 km, also etwa zwei Drittel der ganzen Küste. Bei dem bekannten ungeheuren Sedimentreichthum des Schatt al Arabs könnte es befremden, dass sein Delta nur etwa die Hälfte von der Küstenlänge des weit weniger sinkstoffreichen Nildeltas aufweist. Diese begrenzte Ausbreitung liegt indessen in der Natur der Verhältnisse begründet. Einmal setzt die Küste mit ihren 237 km einem unbeschränkten Wachsthum eine natürliche Grenze, sodann aber kann aus bestimmten Gründen eine Erweiterung des Deltas nur nach Osten erfolgen, wie weiter unten gezeigt werden wird.

Um so grösser erscheint die meridionale Ausdehnung des Anschwemmungsgebietes. Loftus[2]) berichtet von nachtertiären Ablagerungen, die bei Tell Ede und Hammâm in 36° 47′ N am Euphrat gefunden wurden, unmittelbar südlich von den letzten

---

[1]) IOD. 1876. 39.
[2]) JRGS. 26. 146.

Ausläufern des armenischen Hochlandes. Noch in verhältnissmässig später Zeit hat das Meer 400 km von der jetzigen Küste weiter landeinwärts¹) gereicht, denn die ganze mesopotamische Niederung ist so flach, dass sie vom erhöhten Standpunkt, beim Absturz des Hochlandes in Urfa gesehen noch ganz den Eindruck des endlos sich ausdehnenden Weltmeeres macht.²) Dadurch werden die ungeheuren Ueberfluthungen ermöglicht, durch die nach dem Rücktritt des Meeres Euphrat und Tigris die Alluvialebene geschaffen haben. Sehr anschaulich schildert der arabische Verfasser einer Beschreibung von Baghdâd aus dem zehnten Jahrhundert³) eine ausnahmsweise gewaltige Ueberschwemmung der beiden Ströme zu Anfang des siebten Jahrhunderts, die auch die stärksten Dämme einreisst und den Ssâssânidenkönig Chossrau Parwîs und seine Dihkane zur Verzweiflung bringt bei ihrem vergeblichen Bemühen der Fluth Einhalt zu thun. Bei der grossen Seichtheit der Strombetten und dem völligen Mangel an Gefäll dringt noch heute die Fluth vom Meere 298 km weit in die Flussläufe ein, beim Tigris fast bis zu der bemerkenswerthen Stelle, wo die Laufveränderung nach SSO beginnt.⁴)

Wenn Anfang Mai die Schneeschmelze auf den armenischen Bergen den Flüssen ihre höchste jährliche Wassermenge verschafft,⁵) vereinigen sich die übergetretenen Wasser beider Ströme an der Stelle ihrer grössten Näherung zwischen Kalat Fëludscha und Baghdâd zu einem einzigen Wasserspiegel, so dass zum Beispiel waarenbeladene Flösse vom Euphrat am Bâb Imâm Mûssa, dem nördlichen (Moses-) Thor Baghdâds gelöscht werden können.⁶) Um diese Zeit erreicht der stark geschwollene Tigris, der seinen Namen bekanntlich seinem pfeilschnellen Dahin-

---

¹) QJGeolS. 11. 1855. 251.
²) Jozef Černik PME. 1875. 44.
³) Bilâdhuri in Ibn Serapion's Schilderung der Batâyih (Schwemmländer). Description of Mesopotamia and Baghdâd, written about 900 A. D., edited by Guy Le Strange. JRAS. 1895. 297.
⁴) Alexander Schläfli: Zur physikalischen Geographie von Untermesopotamien. 1864. 4. — Tavernier, Rijzen 1682. 1. 180.
⁵) ZGE. Berlin 1. 1866. 509.
⁶) C. J. Rich: Narrative of a Residence in Koordistan and on the Site of Ancient Niniveh, with a Journal of Voyage down the Tigris to Baghdad etc. London 1836. 2nd ed. 13.

schiessen verdankt,[1]) eine Stromgeschwindigkeit von 8 km in der Stunde. So erklärt sich die grosse Erosionsarbeit, die ungewöhnliche Sedimentführung der Flüsse und das rasche Anwachsen des Deltas. —

Verlandung. Schon den Schriftstellern des Alterthums fiel es auf, mit welch ausserordentlicher Schnelligkeit die vereinigten Flüsse des Zweistromlandes ihr Delta vorschieben. Plinius[2]) sagt geradezu, nirgends auf der Erde lasse sich eine so rasch fortschreitende Landbildung beobachten wie bei Euphrat und Tigris. Als Beweis führt er an, die Stadt, die nach Nearchs Erzählung Alexander der Grosse nach seiner Rückkehr aus Indien an der Flussmündung angelegt und nach sich benannt habe, sei bei ihrer Gründung zehn Stadien weit vom Persischen Meerbusen entfernt gewesen, zur Zeit Jubas des Zweiten von Numidien 50000 Schritt und zu seiner Zeit, wie zeitgenössische „legati Arabum nostrique negotiatores" berichteten, schon 120000 Schritt. Das würde nach Sprengers Umrechnung von stadium und passus einen Zuwachs von 120 km für einen Zeitraum von vierhundert Jahren bedeuten, was uns nach unsrer heutigen Kenntnis unmöglich erscheint. Im Gegensatz zu Charles Tilston Beke,[3]) der sich viel mit dieser Frage beschäftigt hat, rechnet W. G. Carter[4]) 300 km für 340 Jahre aus, was ebenso unhaltbar ist. Ähnlich unbrauchbar wegen nicht mehr nachprüfbarer Maassangaben sind leider auch die Berichte von Marco Polo[5]) und des sonst wohl grade für Chûsistân glaubwürdigen persischen Geographen Isstachrî. Selbst die jedenfalls zuverlässigen und ausführlichen Ziffern des medischen Oberpostmeisters Ibn Chordâdbeh in seinem interessanten Werk über die Postverbindungen und Reisegelegenheiten des Chalifats von Baghdâd (Kitâb al Mamâlik wa 'l Masâlik) im neunten Jahrhundert lassen sich für diese wichtige Untersuchung nicht mit sicherm Erfolg benutzen, da sämmtliche End-

---

[1]) Altpersisch tighri = Pfeil.
[2]) Plinius Nat. Hist. VI. cap. 26, 27.
[3]) Beke: On the Former Extent of the Persian Gulf and on the comparatively Recent Union of the Tigris and Euphrates. The London and Edinburgh Philosophical Magazine and Journal of Science. New and United Series 2. 1834. 107—112.
[4]) Carter ebenda 5. 1834. 244—52.
[5]) 1. 47.

fernungen nach den Leistungen untergelegter Pferde berechnet sind, wofür sich keine ausreichenden Anhaltspunkte zum Vergleich bieten.[1]) Auch seine Entfernungen zu Wasser, die in Farssach (Parasangen) gegeben werden, weichen in der Längeneinheit allzusehr von einander ab, wie ja auch noch heute das Farssach zwischen 3 und 6 km schwankt.[2]) Rechnet man mit Sprenger[3]) das Farssach der persisch-arabischen Geographen zu 22 km, so würde sich aus Ibn Chordâdbehs Angaben für das Wachsthum der Anschwemmungsinsel Abbadân 12 km für tausend Jahre ergeben, also doch nur halb soviel wie Loftus berechnete.[4]) Auch die im Alterthum schon mehrmals erörterte Frage,[5]) ob sich die Flüsse erst in geschichtlicher Zeit vereinigt hätten, lässt sich wegen der Unklarheit der überlieferten Thatsachen nicht entscheiden.

Wirkliche Untersuchungen sind, wenn auch noch in unzulänglicher Weise, erst in neuester Zeit über die Frage gemacht worden und zwar mit denselben stark abweichenden Ergebnissen, wie sie die Berechnung der überlieferten Angaben ergab. George Rawlinson[6]) räumt der Anschwemmung in früherer Zeit eine grössere Geschwindigkeit ein, Henry Rawlinson[7]) bemisst sie für die geschichtliche Vergangenheit schon auf eine englische Meile alle dreissig Jahre, also 53 m das Jahr, während William Kennett Loftus[8]) nur für alle siebzig Jahre eine Meile berechnet, also für heutiges Wachsthum nur 23 m das Jahr. Solange indessen an Ort und Stelle nicht planmässige Beobachtungen gemacht werden, was bei dem gefährlich nachgiebigen, röhrichtbestandenen Schwemmboden[9]), kaum möglich ist, müssen wir uns

---

[1]) Barbier de Meynard JA 6. 5. 1865. 59. 280 und A. Sprenger ZDMG. Abhandlungen III. 3. 1.
[2]) PGP. 1890. 1. — PME. 77. 1885. 32 Andreas u. Stolze.
[3]) Post- und Reiserouten des Orients XXVI.
[4]) QJ. Geol. Soc. 11. 1855. 251.
[5]) Pomponius Mela III. cap. 8. — Arrianus, Expeditio Alexandri Magni VII. cap. 7.
[6]) History of the Five Great Monarchies of the East. 1. London 1874. 5 ff.
[7]) JRGS. 27. 186.
[8]) Chaldaea and Susiana S. 282.
[9]) IOD. 1876. 793. Erst bei Fau, türkischem Grenzort und englischer Telegraphenstation, fängt mit der Dattelkultur auch wieder fester Boden an, d. h. 9 km von der Barre, 27 km von der offenen See.

mit dem Vergleich früherer Beobachtungen und heutiger Karten begnügen. Da aber der für diese Untersuchungen wichtigere Theil des Deltas, der sich neubildende östliche, uns noch fast ganz unbekannt ist und auch auf der im grössten Maassstab (1 : 96200) ausgeführten britischen Admiralitätskarte Nr. 1235 „Mouth of the Euphrates, Shatt al Arab, and Bahmishir River" vom Februar 1890 noch nicht dargestellt ist, können überhaupt noch keine unanfechtbaren Angaben gemacht werden.

Das brauchbarste Material scheinen noch immer die 24 meist handschriftlichen Seekarten und nautischen Skizzen zu sein, die Dalrymple[1]) im vorigen Jahrhundert, zumeist von englischen und holländischen Seeleuten, über den Persischen Meerbusen zusammengetragen hat. Eine sorgfältige Vergleichung, die ich von den auf diesen Blättern eingetragenen Lotungen mit denen der neuesten Ausgabe von British Admiralty Charts Nr. 2837b (Oktober 1890) und 1235 (Februar 1890) vorgenommen habe, ergiebt eine erstaunliche Verflachung des nördlichen Meerestheils. So wurden auf der Strecke zwischen Râss Dschabrin und Râss Nâband auf der persischen Seite im Jahre 1703 noch 93,7 m gemessen, 1745 an demselben Küstenstrich nur 92,5 m, 1825 ist die tiefste Stelle hier 86 m und heute findet sich unter den dichtgesäeten Lotungen keine über 80 m mehr. Während heute die 20 m Linie nördlich nicht über 29° 50' N hinausgeht, wurden 1786 noch unmittelbar südlich von 30° 23 m gemessen und wenige Breitenminuten darunter sogar 30 m. Die Stelle ferner, auf der die Türken vor wenigen Jahren die Grenzfeste Fau[2]) errichtet haben, finden wir vor 110 Jahren auf einer sorgfältigen Handzeichnung,[3]) die zahlreiche Lotungen und gewissenhafte Darstellungen der Sandbänke aufweist, als zum 'Murakkat' Abdullah gehörig eingetragen, das heisst als ein Stück Land, das noch bei jeder Fluth unter Wasser gesetzt wird.

Weniger deutlich liegen die Veränderungen in den beiden Hauptmündungsarmen des Schatts zu Tage, dem Bassra-Fluss und dem Bahmischir. Da scheint sich der erstere, westlichere

---

[1]) A. Dalrymple: A Collection of Charts, Plans of Ports, etc. in the Indian Navigation. 18 Volumes. Class the Seventh: the Gulph of Persia. London 1786. Verzeichniss der Karten siehe im Anhang.

[2]) G.N. Curzon 1892. 2 335.

[3]) ‚From a manuscript communicated by C. Russel Esq.‘ bei Dalrymple 14.

von beiden im Laufe der letzten beiden Jahrhunderte vertieft zu haben, und diese Austiefung des Flussbetts könnte ja ihre Erklärung finden in dem gewaltsamen Rückzug der während der Fluth in dem engen und seichten Kanal gestauten Gewässer. Im Verflachen dagegen begriffen ist der westliche Mündungsarm, der Chôr as Ssubiya, der am Rande der Bucht von Kuweit austritt und nirgends mehr tiefer als 10 bis 11 m ist.

Jedenfalls geht das stetige weiter ostwärts Wandern des Deltas auf den dauernd wehenden Nordwestwind zurück, der die neuen fluviatilen Bildungen der NO-Küste zutreibt. Ueberdies treten westlich von der Schwemmlandinsel Bûbiyân, an der Nordseite der Kuweiter Bucht, felsige Erhebungen von 50 bis 100 m auf, Al Agdhî genannt, die man für den östlichen Steilrand der arabischen Gebirgswüste Hedschera hält. Wie weit in Wirklichkeit die Anschwemmung an der persischen Küste schneller vor sich geht als an der arabischen, ob vom stets NW—SO wehenden Schamâl eine wirklich bedeutende Wirkung auf die Ablagerung der vom armenischen Hochland hinabgeschwemmten Sinkstoffe ausgeübt wird, werden wir erst dann prüfen und beweisen können, wenn auch die arabische Küste genauer bekannt sein wird, wenn man Grundproben von beiden Seiten untersucht hat. Indessen werden, wenn man nach den Beobachtungen an den Deltas von Rhône und Mississippi[1]) schliessen darf, spätere Untersuchungen wohl das erhärten, was hier nach unzureichenden Quellen nur vermuthungsweise aufgestellt werden konnte. —

Delta. Morphographisch ist Folgendes von der Schwemmlandküste zu bemerken. In einer WSW—ONO streichenden, nicht genau abzugrenzenden, weil stets veränderlichen Linie grenzt die Nordküste des Meerbusens das ungeheure Deltaland der mesopotamischen Zwillingsströme ab und schafft damit jene Aufschliessungslinie von wenig mehr als 200 km Länge, der das kleine Binnenmeer seine ganze Bedeutung verdankt: die Verbindung mit dem uralten Kulturland Mesopotamien und damit den Zusammenhang mit dem weltbeherrschenden mediterranen Kulturkreis.

Das Mündungsgebiet beginnt natürlich bei der Vereinigung der beiden Flüsse bei Korna; aber die eigentliche trichterförmige,

---

[1]) Georg Rudolf Credner: Die Deltas. PME. 56. 1878. 58.

für das Delta so bezeichnende Erweiterung und Auflösung in mehrere Mündungsarme fängt erst bei der Einmündung eines dritten Flusses an, der zwar nur den fünfhundertsten Teil der Lauflänge des Euphrats hat, aber doch nicht ohne Bedeutung ist: des Kârûns, des einzigen schiffbaren Flusses[1]) in Persien, dem noch eine grosse Zukunft bevorsteht.[2]) Schon jetzt beginnen sich in Muhâmra, einer jungen Siedlung an seiner Mündung, die Spuren späterer Grösse zu zeigen,[3]) hier an diesem Endpunkt der einzigen Aufschliessungslinie, die überhaupt vom Meerbusen ins Innere führt und eine so bedeutende Stadt des persischen Hochlandes, wie das vom Kârûn zu erreichende Issfahân in unmittelbare Beziehung mit dem Meere setzt.

Bei Muhâmra beginnen die Mündungskanäle radienförmig zum Meere auszustrahlen. Wieviele Arme, Kanäle und wirklich flussähnliche Wasserläufe sich in diesem etwa 100 000 qkm grossen Deltalande finden, lässt sich nicht feststellen, da von der Schifffahrt naturgemäss nur die tiefsten und am gleichmässigsten ausgebaggerten benutzt werden und die übrigen sich nur mit Mühe und Gefahr erreichen lassen. Mit echt persischer Grossrednerei lässt sie Isstachrî, angeblich auf Grund einer amtlichen Zählung, zu 120 000 anwachsen; glaubhafter klingt es, dass er sich selbst überzeugt habe, auf Pfeilschussweite seien viele für Böte fahrbare kleine Arme zu sehen. Heute findet die Hauptmasse des Wassers ihren Abfluss in einem im Mittel 1,3 km breiten Hauptarm, dem Bassrafluss, der in seiner ganzen Länge auch für Schiffe mit grossem Tiefgang (über 5 m) fahrbar ist, und in dem benachbarten nur 0,92 km breiten Bahmischîr, dessen früher noch viel benutzter Eingang jetzt versandet.[4])

---

[1]) Emil Tietze: Mitth. k. k. geogr. Ges. Wien 1886. 529.

[2]) W. F. Ainsworth: The River Kârûn, an Opening to British Commerce. London 1890. — Lieutenant W. B. Selby: Ascent of the Kârûn and Dizful Rivers. JRGS. 14. 1844. 219—246. — G. N. Curzon: Leaves from a Diary on the Karun River. Fortnightly Review 1890. 479—498 und 694—715. — Derselbe in Persia. 2. 330—387. — PRGS. 12. 1890. 509—32.

[3]) Deutsche überseeische meteorologische Beobachtungen, herausgegeben von der Deutschen Seewarte. Hamburg 1892. Heft 4. — 1885. 1. Juni bis 31. August.

[4]) Notice No. 1 Relating to PGP. (Hydrographic Notice No. 8 auf 1895.) London 1895. 4 f.

Zwischen beiden Läufen liegt die langgestreckte keilförmige Schwemmlandinsel Abbadân oder Dschasîrat al Chidhr (= grüne Insel), die nur an der Westseite spärlich bewohnt ist, ihren Namen aber den grossen Dattelpflanzungen verdankt, die sich an ihren Ufern ausbreiten. Ibn Batûta[1]) erzählt schon im vierzehnten Jahrhundert, dass die Küstenbevölkerung sich nur von Datteln und Fischen nähre, und das ist im Wesentlichen auch heute noch so. Gerade die Datteln aus den heissen Niederungen des Schatt al Arabs mit ihren überreich bewässerten Fluren galten von jeher für die besten der Welt, und es ist kein Wunder, wenn in dieser dattelgesegneten Gegend[2]) trotz des grossen Kulturverfalls unter türkischer Gleichgültigkeit und persischer Misswirthschaft ein so kleiner Ort wie Muhámra noch jährlich für etwa 100000 Mark Datteln nach Indien ausführt.[3]) Bezeichnenderweise wird die Abbadân gegenüber sich ausdehnende Landzunge türkischen Gebiets Râss al Bischa (Dattelhainspitze) genannt.

Vor der Ausmündung dieser beiden Hauptarme des Schatts dehnen sich weite Sandbänke aus, hier „Murakkat" genannt, von einander getrennt durch seichte brackische Rinnen, die sogenannten Chôr, die die ganze Küste begleiten und sich unterseeisch weit fortsetzen. Wie viele von ihnen als Zugänge zum Hauptstamm des Flusses angesehen werden müssen, lässt sich noch nicht sagen. Im breitesten, dem östlichen Chôr Mûssa (Mosesthal) ist man noch nicht über das „Grab des Schiffsherrn" Dschasîrat Kabr an Nâchudâ hinausgekommen; er scheint mit dem Kârûn und dem Daurak in Verbindung zu stehen. Ein recht beträchtlicher Mündungsarm muss der im äussersten Westen sein, dessen Spaltung die grosse Insel Bûbiyân umfliesst, eine flache sumpfige Schwemmlandinsel von etwa 1000 qkm, unfruchtbar und unbewohnt. Hier werden die Sinkstoffe bis weit über die südlich vorgelagerte Insel Fêludscha hinausgetragen, noch in 29° 14' N ist das Meer nur 5 m tief.[4])

[1]) Ausgabe Lee. London 1829. 2. 62.
[2]) Theobald Fischer: Die Dattelpalme. PME. 64. 1881. 78.
[3]) Administration Report of the Persian Gulf Political Residency and Muscat Political Agency for 1893—94. Calcutta 1894. Appendix A to part V. 57. — IOD. 1876. 758. — A. H. 17. 1889. 201.
[4]) Hier sei darauf aufmerksam gemacht, dass auf Blatt 59 in Stielers Handatlas 1893, auch auf der neuesten Ausgabe von 1894, sowie auf der danach von A. Petermann hergestellten vorzüglichen Höhenschichtenkarte

Deutlich tritt uns so auf der ganzen Linie das Vorrücken des Alluvialbodens entgegen, hier wie bei den indischen Deltaflüssen aufs Wirksamste gefördert durch die üppige Wucherung der Mangrowe, die bei ihrem raschen Wachsthum jede von der Ebbe entblösste Sandbank mit ihren Wurzeln umschlingen und festhalten kann, entstehende Inseln vor Zerstörung durch die Fluth bewahrt und so in diesem ihr sehr zusagenden Brackwasser zu einem ungemein fördernden Faktor der Verlandung wird. Wenn mit den 53 m jährlichen Fortschrittes der Schatt al Arab auch sämmtliche Flüsse Asiens mit Ausnahme des Tereks übertrifft, auch den altersmüden Nil dreizehnfach im Vorschieben des Deltas überholt, so steht er doch hinter den eifrigsten Deltabauern der Erde, hinter Mississippi, Po und Rhône weit zurück. Aber das stete Wachsen der unterseeischen Mündungsarme, der Chôr, die schon jetzt bis zu 40 km weit in den Meerbusen hineinreichen, führt die ganze Nordhälfte des Meeres unaufhaltsamer Verlandung entgegen und lässt den Zeitpunkt des Landfestwerdens der nächst vorgelagerten Insel Fëludscha in nahe Zukunft gerückt erscheinen. —

4. Tiefenverhältnisse.

Erst zu Anfang des vorigen Jahrhunderts sind zum ersten Mal Nachrichten über die Tiefenverhältnisse des Persischen Meerbusens nach Europa gelangt. Zwar gaben schon Jan Huygen van Linshoten 1596 und J. B. Tavernier 1682 in ihren Reisewerken über Persien Karten des Meerbusens, die auf Erkundigungen an Ort und Stelle sowie auf Vorarbeiten portugiesischer und holländischer Seefahrer zurückgingen. Die grosse Perlbank im Süden und einzelne Klippen und Bänke an der persischen Küste finden sich eingetragen; im Uebrigen aber geben diese ersten Versuche ein selbst in der Darstellung der Umrisse und topographischen Lagen meist noch falsches Bild. Erst 1703 brachte die Kartenskizze, die der britische Seefahrer John

---

des iranischen Hochlandes PM. 1877, Tafel 4 der Chôr as Ssubiya, im Westen von Bûbiyân, der auf Berghausens Karte ganz fehlt, viel zu breit gerathen ist. Er misst in Wirklichkeit an seiner breitesten Stelle nur 1,8 km am Ausgang, sonst nur 0,8, darf also unmöglich breiter dargestellt werden wie der Schatt al Arab selbst, der beim Râss al Bischa (bei Stieler fälschlich Bûschad) 3.7 km misst. Vgl. L. Pelly in TBombGS. 17. 1865. 21.

Thornton[1]) an den Küsten des Garmssirs und von Masskat aufnahm, die ersten wirklichen Lothungen. Vierzig Jahre später konnte Mannevillette, Lieutenant zur See in Diensten der Compagnie des Indes, in seinem Neptune Oriental, Paris 1746, auf Grund der in stetigem Fortschreiten begriffenen Untersuchungen englischer Kapitäne eine vollständige Karte des Meerbusens entwerfen, die für die Nordküste in den Hauptzügen schon dem wahren Sachverhalt nahe kam. 1765 legte Carsten Niebuhr eine Reihe von Küstenpunkten astronomisch fest, wodurch das Kartenbild überhaupt erst auf eine sichere Grundlage gestellt wurde: aber für die Kenntniss der Meerestiefen lieferte er keine Beiträge. Im letzten Drittel des Jahrhunderts erst wurden die Messungen weiter fortgesezt und zwar im Auftrage der Ostindischen Handelsgesellschaft, unter deren Beamten sich vor allen der Lieutenant zur See MacCluer hervorthat, dessen Aufnahmen noch bis in dieses Jahrhundert hinein maassgebend blieben. Unterdessen war unter den Nationen, die in dem Durchgangshandel zwischen Indien, Persien und Mesopotamien in Wettbewerb getreten waren, England als Sieger hervorgegangen, und seine Handelsflotte begann durch ihre Uebermacht die wenigen Segler zu verdrängen, die auf der grossen Fahrt von Ostasien ums Cap der guten Hoffnung noch den Umweg über den Persischen Meerbusen fanden. Besonders für die rasch aufblühenden Siedlungen der Company an der Küste von Gudschrât war zur Sicherung der uralten, durch die mannigfachen politischen Wechselgeschicke kaum berührten Handelswege eine genaue Erforschung der Gewässer zwischen Bassra und Karâtschi (Curachee) von grösster Wichtigkeit. In den Jahren 1821 bis 1828 waren daher zahlreiche Officiere der East India Company's Navy an den Küsten von Makrân, Südpersien und Ostarabien thätig, Vermessungen und gewissenhafte Lothungen zu veranstalten. Als aber 1856 die Eroberung Harâts durch Persien die Engländer veranlasste, Kriegsschiffe nach Büschar zu senden, stellten sich auf der damals von den Kapitänen J. M. Guy und G. B. Brucks aufgenommenen Karte mancherlei Mängel heraus, die eine genaue Nachprüfung nothwendig machten. Zwei und ein halbes Jahr waren darauf die

---

[1]) Blatt 18 bei Dalrymple 1786.

Schiffe der indischen Flotte „Euphrates" und „Marie" im Persischen Meerbusen stationirt, und das Ergebniss ihrer gründlichen Thätigkeit war die im Frühjahr 1862 veröffentlichte Admiralitätskarte in 2 Blatt in 1:003000 vom Kapitän zur See C. G. Constable und Lieutenant A. W. Stiffe, die eine Fülle von Material enthält, das im gleichzeitig erschienenen Persian Gulf Pilot des Weiteren erläutert und ergänzt wird. In den Jahren 1880, 1886, 1890 und 1891 hat das noch jetzt in Bûschar stationirte Kriegsschiff „Sphinx" einige Nachträge geliefert, die 1895 durch „Hydrographic Notice No. 8 of 1895" von der Admiralität veröffentlicht wurden.

Einige tausend Lothungen finden sich auf dieser Karte eingetragen, aber noch über vierzig 10'-Felder, deren überwiegende Zahl sich im nordwestlichen Theil des Meeres findet, weisen gar keine Lothungen auf, sodass die Kenntniss der Tiefenverhältnisse noch immer sehr lückenhaft ist. Die bis zum März 1891 fortgesetzten Verbesserungen der Karte ermöglichen uns indessen heute schon ein wesentlich ausführlicheres und richtigeres Bild von der senkrechten Gestaltung des Persischen Meerbusens zu geben, als es vor fünfzehn Jahren Krümmel auf seiner Tiefenkarte des Indischen Oceans[1]) in 1:37500000 möglich war, wo noch westlich vom Râss Mussendim und nordöstlich von Katif Tiefen von 60 Faden angegeben sind, ja östlich von der Halbinsel Katr scheinbar 170 Faden, während wir heute gerade diese Küste als den flachsten Theil des Meerbusens kennen.

Der Persische Meerbusen liegt in seiner ganzen Ausdehnung auf dem Festlandsockel, völlig umschlossen von der 200 m-Linie. Erst jenseits der Strasse von Harmûs senkt sich das Meer in mässiger Böschung zu grösseren Tiefen herab, bis zu 25° 30' N reicht im Busen von Omân die 200 m-Linie herauf, und erst in 58° 40' treten mit Tiefen von 3500 m Bodenverhältnisse ein, die der mittleren Tiefe des Indischen Oceans entsprechen. Wie an der Küste von Makrân in einer Entfernung von 10 bis 20 km die Küste steil abfällt und oft auf Schiffslänge von 30 über 300 zu 500 m abstürzt,[2]) so drängen sich innerhalb des Meer-

---

[1]) Kettlers Zeitschrift für wissenschaftliche Geographie. 2. Lahr 1881. 128.

[2]) PGP. 6.

busens, seiner Entstehung entsprechend, an der Faltenküste die Isobathen dicht zusammen, so dass die 50 m-Linie selten mehr als 20 km von der Küste entfernt bleibt. Nach der arabischen Tafellandküste dagegen ziehen sich die Isobathen weit auseinander, hier werden zuweilen selbst 150 km von der Küste noch nicht 50 m erreicht. Ueber 100 m kommen innerhalb des Meerbusens nur unmittelbar westlich von den Ruûss al Dschebâl vor, so 56° 4′ O beim Râss al Dschâdi (Safranberg) 115 m und NW vom Râss asch Schirit (Bändervorgebirge) 122 m. Unmittelbar an der Grenze zum Vormeere von Omân, beim Râss Mussendim selbst, findet sich, vielleicht als Folge starker Gezeitenerosion, eine scharfe Einsenkung, in der in 56° 22′ O sogar $\tfrac{30}{00}$ f gemessen wurden, ohne den Boden zu erreichen, also wenigstens 180 m. Im Uebrigen ist das ganze Meer äusserst flach, nur in der Mitte zieht sich nördlich hinauf bis zur Insel Chârak ein im Durchschnitt etwa 120 km breiter Gürtel, der von der 50 m-Linie umschlossen ist. Mehr als ein Drittel des ganzen Umfanges, die Gewässer von Ssubâcha, Bahrein und Al Hassa bleiben unter 35 m Tiefe.[1])

Eine neue sorgfältige Berechnung der mittleren Tiefe, die ich nach Krümmels Angabe[2]) für den Persischen Meerbusen ausgeführt habe, hat ähnlich wie meine Neuberechnung des Flächeninhalts ein beträchtlich abweichendes Ergebniss gehabt. Bei der Eintheilung in 10′-Felder habe ich zur Gewinnung der einzelnen Mittelwerthe weit mehr als tausend charakteristische Lothungen aus den auf den beiden britischen Admiralitätskarten eingetragenen zur Berechnung ausgewählt und dabei als Gesammt-Mittelwerth 13,9 Faden = 25,41 m erhalten, was erheblich gegen Murrays[3]) Werth von 46 m, Krümmels von 37 und den bei Karstens[4]) von 35 m zurückbleibt. Auch hier zeigt sich, wie bei der Flächenberechnung, dieselbe Erscheinung: mit den besseren Quellen rasches Rückschreiten der Ziffern, Krümmel fand 9 m weniger als Murray, Karstens 11 und meine Berechnung ergiebt selbst 21 m weniger als die erste Angabe. Damit ist der Persische Meerbusen das flachste aller Mittelmeere, da

---

[1]) PGP. 5.
[2]) Zeitschrift f. wissenschaftliche Geographie 1880. 40.
[3]) PM. 1889. 17.
[4]) Karl Karstens: Neue Berechnung etc. Kiel 1894. 24. Tafel 20.

selbst die Ostsee, der Golf von Siam, die Nordadria und der Carpentariabusen eine um 10 bis 30 m grössere Mitteltiefe haben. Die relative Zugangstiefe,[1] das heisst das Verhältniss der mittleren Tiefe der Zugangsbreite zur Mitteltiefe des ganzen Beckens, berechnet Penck auf 275 %.

Ueber die Bodenbedeckung des Persischen Meerbusens ist nichts weiter bekannt, als dass sich in den tieferen Theilen meist Schlick findet, sonst Sand, Felsboden und Korallensand, nördlich von Bahrein und an andern Stellen auch weisser Thon. Meine Bemühungen zu erfahren, wie weit der Flussdetritus vom Schatt al Arab ins Meer hinaus geführt wird, ob und bis wie weit sich die Ablagerungen der mesopotamischen Staubwinde verfolgen lassen, blieben gänzlich erfolglos, da weder die Indisch-Europäische Telegraphengesellschaft, die das Kabel von Fau bis Dschâschk gelegt hat, noch die betreffende Abtheilung im Indischen Amt zu London Material darüber besitzen, auch eine Anfrage bei der Verwaltung in Fau und Karâtschi keinen Erfolg hatte. —

---

[1] Otto Krümmel: Vergleichende Morphologie. Kiel 1879. 27.

Anhang.

Zusätze.

1. Vgl. die Schilderung des Oannes bei Bêrôssos, Fragm. hist. Graec. ed. Müller II. 496:

§ 3. Ἐν δὲ τῷ πρώτῳ ἐνιαυτῷ φανῆναι ἐκ τῆς ἐρυθρᾶς θαλάσσης, κατὰ τὸν ὁμοροῦντα τόπον τῇ Βαβυλωνίᾳ ζῷον ἄφρεινον ὀνόματι Ὠάννην, καθὼς καὶ Ἀπολλόδωρος ἱστόρησε, τὸ μὲν ὅλον σῶμα ἔχον ἰχθύος, ὑπὸ δὲ τὴν κεφαλὴν παραπεφυκυῖαν ἄλλην κεφαλὴν ὑποκάτω τῆς τοῦ ἰχθύος κεφαλῆς καὶ πόδας ὁμοίως ἀνθρώπου, παραπεφυκότας δὲ ἐκ τῆς οὐρᾶς τοῦ ἰχθύος. — Παραδιδόναι δὲ τοῖς ἀνθρώποις γραμμάτων καὶ μαθημάτων καὶ τεχνῶν παντοδαπῶν ἐμπειρίαν καὶ πόλεων συνοικισμοὺς καὶ ἱερῶν ἱδρύσεις καὶ νόμων εἰσηγήσεις καὶ γεωμετρίαν διδάσκειν, καὶ σπέρματα καὶ καρπῶν συναγωγὰς ὑποδεικνύναι καὶ συνόλως πάντα τὰ πρὸς ἡμέρωσιν ἀνήκοντα βίου παραδιδόναι τοῖς ἀνθρώποις. Ἀπὸ δὲ τοῦ χρόνου ἐκείνου οὐδὲν ἄλλο περισσὸν εὑρεθῆναι. —

2. Ibi decimas deo... regi vectigal.. sacerdotibus portiones scribisque regum ... sed praeter hos et custodes, satellitesque et hostiarii populantur. Iam quocunque iter est, aliubi pro aqua, aliubi pro pabulo, aut pro mansionibus variisque portoniis prendunt.... iterumque imperii nostri publicanis prenditur. Plin. Nat. Hist. Siehe auch Julius Eutings Beschreibung der Karawanenplünderung, Tagebuch einer Reise nach Inner-Arabien. Leiden 1896.

3. Früher galt diese seemännisch-kaufmännische Reisebeschreibung für ein Werk des Alexandriners Arrianos, aus dem zweiten Jahrhundert n. Chr. So erschien schon 1583 bei Froben in Basel mit Ἀρριάνου περίπλους Εὐξείνου πόντου in einem Sammelband vereint das kleine Werk unter der Aufschrift τοῦ αὐτοῦ περίπλους τῆς ἐρυθρᾶς θαλάσσης. Noch 1848 giebt B. Fabricius es heraus als „Periplus maris Erythraei des Arrianus Alexandrinus". Erst August Dillmanns Untersuchungen (Monatsberichte der Akademie der Wissenschaften zu Berlin 1879. 418—28), denen sich Fabricius selbst anschliesst („Der Periplus des erythräischen Meeres von einem Unbekannten" Leipzig 1883, Einleitung 1—31), zeigen, dass wir es mit einem Kaufmann zu thun haben, der um 77 n. Chr. schrieb und sein Heft noch Plinius vor der Herausgabe der Naturalis Historia zukommen liess. Vgl. das betreffende Kapitel bei Glaser.

4. Ἐξαρτίζεται δὲ συνήθως ἀπὸ μὲν Βαρυγάζων εἰς ἀμφότερα ταῦτα τῆς Περσίδος ἐμπόρια πλοῖα μεγάλα χαλκοῦ καὶ ξύλων σανταλίνων καὶ δοκῶν κερατεανῶν καὶ φαλάγγων συκαμινίνων καὶ ἐβενίνων, εἰς δὲ τὰ Ὄμμανα καὶ ἀπὸ Κανῆς λίβανος καὶ ἀπ' Ὀμμάνων εἰς τὴν Ἀραβίαν ἐντόπια ῥαπτὰ πλοιάρια τὰ λεγόμενα μαδάρατα. Ἐκφέρεται δὲ ἀπὸ ἑκατέρων τῶν ἐμπορίων εἰς δὲ Βαρύγαζα καὶ εἰς Ἀραβίαν πινακὸν πολὺ μὲν χεῖρον δὲ τοῦ Ἰνδικοῦ καὶ πορφύρα

καὶ ἱματισμὸς ἐντόπιος καὶ οἶνος καὶ φοῖνιξ πολὺς καὶ χρυσὸς καὶ σώματα.
Fabricius § 36.

5. Sachiez que de ce royaume de Melibar, et d'un autre qui a nom Gazurat [Gudschrât]. issent chascun an, plus de cent nefs, lesquelles vont en cours sus chacune. Et demeurent tout l'esté; et mainnent avec eus leur femmes et leur enfans. Il assamblent XX nefs ou XXX ensemble, des ces courseaus [= corsaires]; et vont V ou six milles loins l'une de l'autre; si que il tiennent grant place de la mer, à ce que nul nef de marchans n'y passe qu'il ne la prennent. Et maintenant qu'il voient aucuns voilles si font feu ou fumées par seignal; et là s'assemblent tuit ensemble; et la prennent et robent long les marcheans.

Le livre de Marco Polo, ed. Pauthier. 1865. 2. 652.

Et se aucun marchant de estrange pais y muert, le roy prent tout le sien. Ebenda 2. 86.

Et vous di que les marchans y viennent d'Inde avec leur nefs chargées d'espisseries, et de pierreries, et de pelles et de draps de soie et d'or; et de dens d'olifans, et d'autres pluseurs marcheandises. Si les vendent aux marcheans, qui, puis, les portent par universel monde, vendent aux autres marchans. Ebenda 1. 85 f.

6. En cel royaume [Persien] a mains beaux destriers; et pluseurs s'en mainent en Inde à vendre; car il sont chevaux de grant vaillance, que bien vaut, l'un, de celle monnoie tant qui vaut entour deux cens livres de tournois. Ebenda 1. 68 f.

Les genz meinent les chevaux jusques à Chisi [Kisch] et à Curmosa [Harmûs] qui sont deux cités sur la rive de la mer d'Inde; et illec treuvent les marchans qui les achatent et meinent en Ynde pour vendre. —

En cest regne [Indische Küste von Palks Strait] ne naist nul cheval; si que la greigneur part de leur tresor se degast en achater chevaus; et vous dirai comment. Sachiez que les marcheans de Quis [Kisch] et de Hormes [Harmûs] et Dufar [Dhafâr an der Küste von Hadhramaut] ont chevaus assez; et autres pluseurs provinces, et d'autre pars aussi; si que ilz les portent ou regne de ce roy, et ses autres quatres freres qui sont roys, si comme je vous ai dit. Car un cheval leur est bien vendu cinq cenz pois d'or, qui valent plus de cent mars [= mark] d'argent et leur en vendent monet grant quantité chascun an. Et en vient bien ce roy chascun an, plus de deux mille; et ainsi en vendent ses autres quatre freres qui roys sont. Et la raison pourquoy il veulent tant de chevaus, chascun an, si est pour ce que touz les chevaus que il achatent muerent avant le chief de l'an; et c'est de male garde, car il ne les sevent tenir ne garder. Et aussi n'ont il nulz marechaux. Et les marcheans qui leur mainent les chevaux ne leur en mainent, ne n'y laissent aler nulz marechaux, pour ce que il ne perdent la vente de leurs chevaus; dequoi il gaaignent monet grant avoir chascun an. Et leur portent ces chevaus par mer en nefs. Marco Polo 2. 614 f.

7. Zur Geschichte des portugiesischen Colonialreiches in Asien vgl vor Allem João de Barros: Asia, dos feitos que os Portugueses fezerão no descobrimento et conquista dos mares et terras do Oriente. Tres decadas. Em Lisboa 1628. Jorge Rodriguez. — Bras d'Albuquerque (natür-

licher Sohn Affonsos): Commentarios de grande Affonso d'Albuquerque. Lisboa 1557. — Beide Werke auch in mehreren Uebersetzungen. — F. Saalfeld: Geschichte des portugiesischen Colonialwesens in Ostindien. Göttingen 1810. — Luciano Cordeiro: Batalhas da India, como se perdeu Ormuz. Processo inedito. Lisboa 1896. XX. 296 S. — Kurze Uebersicht bei Sophus Ruge: Geschichte des Zeitalters der Entdeckungen (Oncken). Berlin 1883. 156 ff.

8. Ausser den Grosshändlern von Genua und Pisa sind noch zahlreiche andere italienische Reisende des ausgehenden Mittelalters am Persischen Meerbusen gewesen, von denen einige sehr werthvolle, für die Handelsgeschichte bedeutsame Berichte hinterlassen haben. Hervorzuheben sind besonders die folgenden: Oderico da Pordenone 1286—1331, der als Missionar (aus Pordenone in Friaul) eine ganz Asien, besonders China und Persien umfassende Reise unternahm. Der Franziskanermönch Giovanni da Marignola, aus Florenz, der auf eine Einladung des Taren-Chans 1347 nach Indien ging, auf der Fahrt nach Ceylon aber von muhammedanischen Seeräubern ausgeplündert und zur Rückkehr über Harmûs und Baghdâd gezwungen wird. Nicolò Conti, ein intelligenter Kaufmann aus Venedig, der 25 Jahre lang im muhammedanischen Asien reist und seinen interessanten Bericht dem Geheimschreiber des Papstes Eugen IV., Poggio Bracciolini, in die Feder dictirt. Wie Conti durchzog als Moslem verkleidet Ludovico de Varthema ganz Vorderasien bis Indien, wo er schliesslich nach abenteuerlichem Leben in die Dienste von Lourenço d'Almeida tritt, dem Sohne des portugiesischen Vicekönigs. Seine für den Persischen Meerbusen sehr beachtenswerthe Reisebeschreibung wurde ein beliebtes Lesebuch, schon 1516 erschien in Strassburg bei Johann Knobloch eine deutsche Uebersetzung unter dem Titel: „Die ritterlick und lobwürdig reysz des gestrengen und über allander weyt erfarnen ritters und landtfarers herren Ludovico Vartomans von Bolonia." In der Zeit der ersten Kämpfe zwischen Engländern und Portugiesen besuchte Pietro della Valle den Persischen Meerbusen. Sein grosses Reisewerk ist ähnlich wie das von Chardin eine unerschöpfliche Fundgrube für persische Länder- und Volkskunde. Von Venedig aus besuchten und beschrieben die persische Küste Messer Josaphat Barbaro und der Gesandte der Republik Ambrogio Contarini, aus der berühmten Dogenfamilie. Eine zusammenfassende Darstellung dieser italienischen Reisen nach Persien findet sich bei Pietro Amat di San Filippo: Studj bibliografici e biografici sulla storia della geografia in Italia. Pubblicati per cura della deputazione ministeriale istuita presso la Società Geografica Italiana. Rom 1875. Der zweite Theil bringt die bibliographischen Zusätze von Gustavo Uzielli, der dritte die von Enrico Narducci. Bequem zusammengestellt, wenn auch nicht immer in zuverlässiger Wiedergabe, finden sich all diese Reiseberichte in Ramusios grossem Sammelwerk von 1563, worüber die nöthigen Angaben im bibliographischen Anhang. —

9. Da die Unternehmungen der Holländer auch die einzige Gelegenheit im Gefolge hatten, wo Deutsche eine Rolle im Persischen Meerbusen spielen konnten, sei hier kurz wiedergegeben was Carsten Niebuhr davon erzählt. Schon 1623 war die Holländisch-Ostindische Handelsgesellschaft mit einer Zweigniederlassung an der persischen Küste aufgetreten, die besonders auch damit beauftragt war, den lebhaften Handel

der Holländer von Batavia nach Mesopotamien zu überwachen (vgl. Chardin). Das Oberhaupt ihrer Colonie in Bassra, dem Brennpunkt dieses wichtigen Handels, war um die Mitte des 18. Jahrhunderts der deutsche Freiherr von Kniphausen, „ein Herr von grossem Verstande und vieler Lebhaftigkeit". Durch ein bedenkliches Abenteuer machte sich diese Stütze des europäischen Handels in Bassra der türkischen Regierung missliebig; er wurde ins Gefängniss geworfen und nur gegen ein sehr beträchtliches Lösegeld wieder freigelassen. Zu seiner Rechtfertigung muss er eine Reise nach Batavia, dem Verwaltungssitz der Holländischen Handelsgesellschaft, antreten, macht aber vorher ein Abkommen mit dem Scheich Mír Nássir von Bandar Rígh (Hafen von Daschtistán in 29° 25' N), dass auf der nordwestlich von Búschar liegenden Insel Chârak ein Waarenlager von den Holländern errichtet werden dürfe. Nach seiner Rückkehr siedelt sich Kniphausen hier an, befestigt die Insel auf allen Seiten mit Batterieen zu je sechs Kanonen und eröffnet, um sich für den Verlust seines Vermögens durch das Lösegeld schadlos zu halten, einen regelrechten Seeräuberkrieg gegen alle aus dem Schatt al Arab kommenden Schiffe. Fünf Jahre hält er sich in seinem Kampf gegen die türkische Regierung und den Scheich von Bandar Rígh als unumschränkter Herrscher auf der Insel, bis er wieder in die Verwaltung in Batavia eintritt. Sein Nachfolger, ein Holländer, wird bald wieder von einem Deutschen Namens Buschmann, ersetzt, der schon seit der Besetzung der Insel bei den Holländern gewesen war. Er schliesst Frieden mit dem Scheich und lenkt den Handel in gedeihliche friedliche Bahnen. Als er nach zwei Jahren Erholungs-Urlaub nehmen muss, ernennt er zum Statthalter von Chârak seinen Landsmann Tamm, der sich vom gemeinen Soldaten zum Unterstatthalter aufgeschwungen hatte, ähnlich wie der englische Abenteurer Horton, der noch in diesem Jahrhundert Scheich von Kischm war (vgl. G. N. Curzon, Persia 1892. 2. 412 f.). Mit dem Ende Tamms, der sich erschoss, als an seiner Stelle ein adeliger Holländer die Herrschaft übernehmen sollte, kam die grosse Rolle, die Chârak während dieser Zeit deutscher Verwaltung gespielt hatte, bald zu traurigem Ende. Durch Verrath eines Persers gerieth die ganze holländische Colonie in Gefangenschaft der Türken, die bittere Rache für das ihnen zugefügte Unrecht nahmen (1765). — Vgl. dazu ausser Niebuhr noch E. Ives, Voyage from England to India in 1754. London 1773. 207—226. —

10. Blanford nennt RGeolSIndia 5. 1872. 42 die Insel Harmûs wegen ihrer Salzvorkommen einen der „most singular places on the surface of the earth". Es sei deshalb gestattet, das Wesentlichste seiner Ausführungen mit den nöthigen Ergänzungen aus Carter JAsiaticSBengal 28. 1859. 1. hier wiederzugeben. Soweit die Vorkommen bisher bekannt geworden sind, kommt diese von Blanford so genannte Hormúz Salt Formation vor auf den Inseln Hingâm, Tamb, Nábiya Tamb, an der Küste bei Linga und Râss Bastâna (54° 37' O) und vor allem auf der kleinen vulkanischen Insel Harmûs. Hier tritt das Steinsalz im Anhydrit in den überraschendsten Formen auf. Grell und glänzend gefärbt, scharlachroth, purpurn, blendend weiss, schwarz, erheben sich in wirrem Durcheinander die stark verwitterten Bergspitzen und Nadeln über dem öden, jeder Pflanzendecke baren Gelände. In der Mitte der Insel erhebt sich eine etwas höhere Spitze bis zu 210 m, die blendend

weiss wie ein schneebedeckter Kegel auf 40 km hin leuchtet, und an der
Westküste machen einige mit weisser Masse gefüllte Thäler im Sonnenglanze
völlig den Eindruck von Gletschern. Während Blanford hier reines Steinsalz vermuthet, das überall sonst auf der Insel zu herrschen scheint, wenn
auch gelegentlich mit rothem Thon und Gips gesellt oder durchsetzt von
arg verwitterten Doleriten und Trachyten, wollte Carter diese Spitze nur
für stark mit Salz imprägnirten trappähnlichen Quarzit von weisser Farbe
ansprechen. Fraser und nach ihm Findlay IOD 1876 (bei Jeziret Hormúz)
sehen alle übrigen Spitzen gerade mit Ausnahme dieser grössten für Steinsalz
an. Auf Kischm wird das in mächtigen Ablagerungen anstehende Salz in
mehreren Höhlen abgebaut und nach Lewis Pelly in JRGS 34. 1864. 253
nach Masskat, Calcutta und Ostafrika ausgeführt. Suess AE 1. 549 vermuthet hier die Fortsetzung der gipsführenden Gruppe Mesopotamiens, die
von Dschasirat Ibn Omar (oberhalb Mössuls in 37° 18' N am Tigris) entlang
am östlichen Rand des Zweistrom-Schwemmlandes den Aussenrand der Zagroskette bildet bis Káserûn (in 29° 47' N westlich von Schirâs). —

Bibliographie des Persischen Meerbusens.
1896.

	Seite
I. Allgemeines	71
Ia. Morgenländische Quellen	76
II. Persischer Meerbusen	78
III. Arabische Küste	79
IV. Morphologie und Geologie	80
V. Klimatologie	81
VI. Handel und Verkehrswege	82
VII. Karten und Segelanweisungen:	
1. Persien	83
2. Indischer Ocean	84
3. Persischer Meerbusen	84
4. Schatt al Arab	85
5. Segelanweisungen	86

1.

Allgemeine Werke geographischen oder geschichtlichen In-
haltes, die auch den Persischen Meerbusen behandeln.

Albuquerque, Braz d': Commentarios de grande Affonso d'Albuquerque.
  Lisboa 1557.
Alexander, James Edward: Travels from India to England, comprehending
  a visit to the Burmese empire and a journey through Persia, Asia
  Minor, European Turkey etc. With sketches of natural history, manners,
  and customs, and illustrated with maps and plates. London 1827.

Barbaro, J., and A. Contarini: Travels to Tana and Persia. Translated by Charles Grey. A Narrative of Italian Travels into Persia in the 15th and 16th Centuries. Hakluyt Society. 1873.

Barros, João de: Asia. Dos feitos que os Portugueses fezerão no descobrimento et conquista dos mares et terras do Oriente. Em Lisboa. Jorge Rodriguez. 1628. 3 Bde.

Benjamin, S. G. W., Late Minister of the United States of America to Persia: Persia and the Persians. With portrait, 57 ill. London 1887. 507 S.

Bizarus, Pietrus: Rerum persicarum historia. Initia gentis, mores, instituta, resque gestas usque ad haec tempora complectens. Francoforti 1601 — bei Plantin in Antwerpen schon 1583.

Blunt, A.: A Pilgrimage to Nejd and our Persian Campaign. With maps, portr., ill. London 1885. 2 Bde.

Castanheda, Lopez de: Historia do descobrimento e conquista da India pelos Portugueses. Lisboa 1833. 8 Bde.

Chardin, Jean: Voyages de Mr. le chevalier Chardin en Perse et autres lieux de l'orient. Amsterdam, chez Jean Louis de Lorme. 1711. 10 Bde.

Cowper, H. Swains: Through Turkish Arabia. A Journey from the Mediterranean to Bombay by the Euphrates and Tigris Valleys and the Persian Gulf. ill. 2 maps. London 1894.

Curzon, George N. the Hon'ble: Persia and the Persian Question. London 1892. ill. 2 Bde. Vgl. chapter 27 im 2. Bd.: The Persian Gulf. 397—468.

Dieulafoy, Jane: La Perse, la Chaldée et la Susiane. Paris 1887. 746 S. 336 Ill. 2 Karten.

Eden, Richard: The History of Trauayle in the West and East Indies and other countreys lying eyther way, as Moscovia, Persia, Arabia, Syria etc. Gathered in parte and done into Englyshe. Newly set in order, augmented and finished by Richard Walles. London 1577. R. Jugges.

Fabricius, B.: Der Periplus des erythräischen Meeres. Von einem Unbekannten. Griechisch und Deutsch. Mit kritischen und erklärenden Anmerkungen nebst vollständigem Wörterverzeichniss. Leipzig 1883. 188 S.

Filippo, Patre, di Santa Trinità: Viaggi orientali. Venedig 1676.

Fraser, J. B.: Historical and descriptive Account of Persia, including a Description of Afghanistan and Beloochistan. Edinburgh 1834. ill. K. Enthält u. A. „Geological Observations on certain parts of Persia".

Goldsmid, Frederic J.: Telegraph and Travel in Persia. A narrative of the formation and development of telegraphic communication between England and India, with incidental notices of the countries traversed by the line. ill. KK. London 1874.

Gorlach, Benjamin: Der beeden Erb-Furstenthümer Schweidnitz und Jauer Landes Bestelltens, des Herrn Heinrichs von Poser und Gross Nedlitz Lebens und Todes-Geschichte, worinnen das Tagebuch seiner Reise von Constantinopel aus durch die Bulgarey, Armenien, Persien und Indien. Ans Liecht gestellet von dessen Sohne H. v. Poser, sonst dem Geprüfeten. Jehna 1675.

Herbert, Thomas: Some Years Travels into Africa and Asia the Great. Especially describing the famous empires of Persia and Industant. London 1638.

Houssaye, Frédéric: La structure du sol et son influence sur la vie des hommes. Études sur la Perse méridionale. Annales de Géographie. 1894. 278—95.

Ives, E.: A Voyage from England to India in the Year 1754. ill. KK. London 1773. (Enthält u. A. eine Schilderung der deutsch-holländischen Unternehmungen auf Chârak.)

Jedina, Leopold von: An Asiens Küsten und Fürstenhöfen. Tagebuchblätter von der Reise S. M. Schiffes Fasana (an Bord Erzherzog Leopold Ferdinand, ältester Sohn Ferdinands IV. von Toskana) und über den Aufenthalt an asiatischen Höfen. 1887—89. Wien 1891. 780 S. (Mit Schilderung und Abbildung der hauptsächlichsten Häfen am Persischen Meerbusen.)

Kinneir, J. M.: Geographical Memoir of the Persian Empire. 1813. 2 KK.

Klaproth, Julius von: Mémoires relatifs à l'Asie, contenant des recherches historiques, géographiques et philologiques sur les peuples de l'Orient. Paris 1824. ill. KK.

Kunstmann, Friedrich: Die Kenntniss Indiens im 15. Jahrhundert. München 1863.

Leblanc, V., Marseillois: Voyages fameux qu'il a faits depuis l'âge de 12 ans jusques à 60 aux quatres parties du monde, à scavoir aux Indes Orientales et Occidentales, en Perse et Pégou, aux royaumes de Fez, de Maroc, de Guinée et dans toute l'Afrique intérieure. Rédigés par B. Bergeron et augmentés par le Seigneur Coulon. Paris 1658.

Le Bruyn, C.: Voyages au Levant et par la Moscovie, en Perse et aux Indes Orientales. ill. KK. La Haye 1732. 5 Bde.

Lelewel, Joachim: Géographie du moyen âge étudiée par J. L. et accompagnée d'un atlas. Bruxelles 1852. 4 Bde.

Linschoten, Jan Huygen van: Itinerario, voyage ofte schipvaert naer Oost ofte Portugaels Indien. Amsterdam 1596. C. Claesz. KK.

Major, R. H.: India in the 15th Century, being a collection of narratives and voyages to India in the century preceding the Portuguese discovery of the Cape of Good Hope. From Latin, Persian, Russian, and Italian sources. London 1857. Hakluyt Society.

Mandelslo. Des Hochedelgebohrnen Johann Albrechts von Mandelslo Morgenländische Reise Beschreibung. Herausgegeben durch Adam Olearium. Hamburg 1696.

Mans, Pater Raphaël du, Supérieur de la mission des Capucins d'Ispahan: Estat de la Perse en 1660, publié avec notes et appendice par Ch. Schefer. Paris 1890. Ernest Leroux. 464 S.

Morgan, J. de: Mission scientifique en Perse. Paris 1894 ff. Von diesem bedeutenden Werk, das mit seiner umfassenden Darstellung und vielen Hunderten von prachtvoll in Photogravüre und Heliotypie wiedergegebenen photographischen Aufnahmen einen sehr hervorragenden Platz in der geographischen Literatur einnehmen wird, hat man bisher in Deutschland fast gar keine Notiz genommen. Es sei deshalb gestattet darauf hinzuweisen, dass für den Norden und Westen Persiens die Arbeiten des auch geologisch geschulten Verfassers (ingénieur civil des mines) ganz neue Gesichtspunkte ermöglichen. Obwohl für die vorliegende Arbeit nur das 9. Kapitel des 2. Bandes in Betracht kommt, das sich übrigens nicht auf eigene Forschungen gründet und daher nichts Neues von Belang bringt, mag es vielleicht doch wünschenswerth sein, von den bisher erschienenen drei Bänden, die bei ihrem hohen Preis (bis jetzt 95 fr.) nicht Jedermann zugänglich sein werden, die wichtigsten Abschnitte zu nennen. Bisher sind folgende Provinzen zur Darstellung gelangt: Astarâbâd, Gilân, Tâlisch, Asarbaidschân, Kurdistân (Mukri, Ssibna, Kirmânschahân), Hamadân, Burudschird, Luristân, Puscht Kûh, Chûsistân. Jede Provinz wird dargestellt nach physischer Geographie, Klima, Thier- und Pflanzenwelt, Bevölkerung, Siedlungen und Alterthümern, Handel und Gewerbe. Besonders bemerkenswerth ist das einleitende Kapitel: Considérations générales sur le plateau iranien, das durch interessante Profilentwürfe und geographisch sehr werthvolle Photographieen des Verfassers erläutert wird. Auch die paläontologischen Theile (im 3. Band), die von G. Cotteau, V. Gauthier und H. Douvillé bearbeitet sind, bringen mit ihren 16 Tafeln von Stachelhäutern viel Neues zur fossilen Thierwelt des Cenomans und Senons. — Das auf Veranlassung des Unterrichtsministers vorbereitete und bearbeitete Werk gliedert sich bis jetzt wie folgt: Tome Ier: Études géographiques. Paris 1894. (Ernest Leroux.) 428 Seiten. — Tome 2e: Études géographiques. 1895. 334 S — Tome 3e: Études géologiques. 1895; bisher erst eine Hälfte mit 107 S.

Müller-Simonis. Relation de missions scientifiques de Mm. H. Hyvernat et P. Paul Müller-Simonis: Du Caucase au Golfe Persique à travers l'Arménie, le Kurdistan, et la Mésopotamie 1888—89. Suivie de notice sur la géographie et l'histoire ancienne de l'Arménie et les inscriptions cunéiformes du bassin de Van par H. Hyvernat. Avec 2 cartes etc., 30 planches en phototypies etc. Paris 1892. 628 S.

Niebuhr, Carsten: Beschreibung von Arabien. Aus eigenen Beobachtungen und im Lande selbst gesammelten Nachrichten abgefasset. Kopenhagen 1772. 431 S. ill. KK. Vgl. besonders folgende Abschnitte S. 310 ff: 2. Abt. Kap. 3 'Omân. 4. Unabhängige Herrschaften am Persischen Meerbusen. Tabula XXX Sinus Persicus.

— — Reisebeschreibung nach Arabien. ill. Kopenhagen 1774—78. 2 Bde.

Olearius, Adam: Reise nach Persien und Muskau nebst beygefügtem Persianischen Rosenthal. ill. KK. Schleswig 1647.

Osorio: De rebus gestis Emanuelis (von Portugal). Coloniae 1586.

Polak, Jakob Eduard, Leibarzt des Schahs von Persien: Persien. Das Land und seine Bewohner. Ethnographische Schilderungen. Leipzig 1865. 2 Bde. 389—370.

Polo, Marco. Le livre de Marco Polo, citoyen de Venise, conseiller privé et commissaire impérial de Khoublaï-Khaân, rédigé en français sous sa dictée en 1298 par Rusticien de Pise. Publié pour la première fois par M. G. Pauthier. Paris 1865. 2 Bde.

— — The Book of Ser Marco Polo of Venice. Edited by Colonel Henry Yule. 2. Aufl. London 1874.

Puente, J. M. de la: Compendio de las historias, de los descubrimientos, conquistas y guerras de la India oriental, y sus islas desde los tiempos del Enrique de Portugal hasta los del Felipe II de Portugal. Y la introduccion de el comercio portugues en las Malucas. Madrid, en la imprenta imperial. Par la viuda de Jusepe Fernando de Buenia. 1681.

Purchas: His Pilgrimage. 2nd ed. London 1614.

Ramusio: Navigationi et viaggi, raccolti già da M. Gio. Battista Ramusio et con molti et vaghi discorsi, da lui in molti luoghi dichiarati et illustrati. In Venetia, nella stamperia dei Giunti. 1563—1606. 3 Bde.

Reinaud: Relation des voyages faits par les Arabes et les Persans dans l'Inde et à la Chine dans le neuvième siècle. Texte arabe et traduction française. Paris 1845. 2 Bde.

Rivadeneyra, A.: Viaje al interior de Persia. Madrid 1880. K. 3 Bde. 386 — 400 — 412 S.

San Filippo, Pietro Amat di: Studj bibliografici e biografici sulla storia della geografia in Italia. Pubblicati per cura della deputazione ministeriale istuita presso la Società Geografica Italiana. Rom 1875. KK. 494 S. — 2. Bd. von Gustavo Uzielli, 3. von Enrico Narducci.

Schiltberger, Johannes: Reisen nach Asien und Africa 1394—1427. Zum ersten Mal nach der Heidelberger Handschrift herausgegeben von C. F. Neumann. Mit Zusätzen von Fallmerayer und Hammer-Purgstall. München 1859. — Neue Ausgabe nach der Nürnberger Handschrift von Valentin Langmantel. Tübingen 1885. Bd. 172 d. Bibliothek des Literarischen Vereins in Stuttgart.

Stack, E.: Six Months in Persia. KK. London 3. Ed. 1882. 2 Bde. (Ausgangspunkt der Reise Búschar.) 611 S.

Struys, Jan: Voyages en Moscovie, en Tartarie, en Perse, aux Indes, et en plusieurs autres pays étrangers. Accompagnez de remarques par Glanius. ill. 3 Bde. Amsterdame 1718.

Tavernier: De zes reizen van de Heer J. Bapt. Tavernier, Baron van Aubonne. Dor J. H. Glazemaker vertaalt. t'Amsterdam. ill. 1685.

Texeira, Pedro. Zweiter Band seiner Geschichte Persiens: Del principio del reyno Harmuz y de sus reyes hasta el tiempo en que los Portugueses lo occuparon, siguiendo la historia de Torunxa Rey del mismo reyno. En Amberes (Antwerpen) 1610. (Der erste Band ist eine Bearbeitung von Mirchonds Rausat as Safâ.)

Texier, Charles: L'Arménie, la Perse et la Mésopotamie. Géographie et géologie, monuments anciens et modernes, histoire, mœurs et coûtumes. 151 ill. 2 Bde. Paris 1842.

Tomaschek, Wilhelm: Topographische Erläuterung der Küstenfahrt Nearchs vom Euphrat bis zum Indus. Sitzungsberichte der phil. hist. Cl. der Kais. Akad. d. Wiss. Wien 1890. 121. Band 88.

Valle, Pietro della: Viaggi con minuto ragguaglio di tutte le cose observate in essi, descritti da lui medesimo in 54 lettere familiari a Maria Schipano, divisi in 3 parte, cioè la Turchia, la Persia e l'India. ill. 3 Bde. Roma 1650—58.

Varthema, Ludovico de. Ausser dem italienischen Text seiner Reisebeschreibung bei Ramusio 1563, 1. Bd. (wo Barthema) vgl. die interessante deutsche Ausgabe: Die ritterlick und lobwürdig reysz des gestrengen und über allander weyt erfahrnen ritters und landtfarers herren Ludovico Vartomans von Bolonia. Straszburg 1516 bei Joh. Knobloch.

Vaugham, H. B., Lieutenant: Travels in Eastern Persia. PRGS London 1890. S. 577 ff. (Ausgangspunkt Linga.)

Vincent, William D. D.: The Periplus of the Erythraean Sea. Volume the First: Containing an account of the navigation of the ancients from the sea of Suez to the coast of Zanguebar with dissertations. Volume the Second: Containing an account of the navigation of the ancients from the Gulph of Elana in the Red Sea to the Island of Ceylon. With dissertations. London 1800—5. KK.

Weeks, Edwin, Lord: From the Black Sea through Persia and India. New York 1896. 128—146 (Buschar, Linga, Dschäschk, Masskat). ill.

Ia.
Morgenländische Quellen.

Abú Dschafars Ortsbestimmungen und astronomische Fixpunkte für Persien und Mesopotamien siehe bei Lelewel 1857. 1. (vom Jahre 830).

Albatenis astronomische Fixpunkte für Persien und Mesopotamien aus dem Jahr 880 bei Lelewel 1857. Epilogue de la Géographie du moyen âge: „Albateni et les rasm de souret elards" 45—110.

Batúta, Ibn: The Travels of Ibn Batutah. Translated from the abridged Arabic Manuscript Copies (Cambridge), and edited with notes by Rev. Samuel Lee B. D. London 1824. 243 S.

Benjamin von Tudela: The Itinerary of Rabbi Benjamin of Tudela. Ed. by Asher. London 1840—41. 2 Bde.

— — Reisetagebuch von B. v. T. Beiträge zur Kenntniss der Juden in der Diaspora während des 12. Jahrhunderts, von Martinet. Bamberg 1858.

— — Examen géographique des courses et de la description de Benjamin de Tudèle 1160—1175 bei Lelewel. 3. Bd. 1872.

Chordádbeh, Ibn Kitáb al Mesálik wa al Memálik tá'alif Abi al Qásim 'Obeidullah bin 'Abdullah bin Hordádbeh = Buch der Wege und der Provinzen vom medischen (Dschebel) Oberpostmeister Ibn Chordádbeh unterm Chalifen Mútamid von Baghdád (Ende des 9. Jahrhunderts). Hg. von Barbier de Meynard, deutsch und französisch. JA. Série 6e, tome 5. 1865 und A. Sprenger in ZDMG. Abhandlgn. Vol. 3. no 3. Heft 1. Ebenso Biblioth. Geogr. Arab. Pars VI ed. de Goeje 1889.

Hamdâni, al: Geographie der arabischen Halbinsel, nach den Handschriften von Berlin, Constantinopel, London, Paris, Strassburg zum ersten Mal hg. von David Heinrich Müller. Leiden 1884—91. 2 Bde.

Haukal, Ibn, siehe unter Isstachrî.

Idrissi. Géographie d'Édrisi, traduite de l'arabe en français d'après deux manuscripts de la Bibliothèque du Roi et accompagnée de notes par P. Amédée Jaubert. Paris 1836. 2 Bde.

Isstachrî. Kitâb al Iqlîm (Buch der Klimate). Arabische Ausgabe von M. J. de Goeje in der Bibliotheca geographorum arabicorum. 1. Bd. Leiden 1870. — Auch ZDMG. 25, 42.

— — Das Buch der Länder von Schech Ebu Ishak el Farsi el Istachri. Aus dem Arabischen übersetzt von A. D. Mordtmann. Nebst einem Vorwort von C. Ritter. Hamburg 1845. 6 KK. (Das auf der Gothaer Bibliothek aufbewahrte Manuscript vom Jahre 1173, das 1839 privatim von J. H. Möller lithographisch vervielfältigt wurde, enthält 19 sehr bemerkenswerthe Karten, von denen Mordtmanns Ausgabe nur sechs bringt, darunter die des Persischen Meerbusens mit dem Schaṭṭ al'Arab. auf dem Blatte Fârs.

— — Was Sir William Ouseley 1800 in London als The Oriental Geography of Ebn Haukal herausgab, ist nur eine persische Bearbeitung von Isstachri.

Itimâd as Sultâna: Ma'àsir as Sultán. (Geschichte und Statistik Persiens unter Nâssr ud Dîn Schâh.) Teberân 1306 = 1888. (Persisch).

Kaswini. Zakariya ben Muhammed ben Mahmûd el Kazwini's Kosmographie. Nach der Wüstenfeld'schen Textausgabe zum ersten Male vollständig aus dem Arabischen übersetzt von Hermann Ethé. Leipzig 1868. (Bemerkenswerth wegen der Angaben über Gezeitenbewegungen im PMb. (2. Bd, 4. 32—42.)

Massûdi. Les prairies d'or de Maçoudi. Ed. Barbier de Meynard. Paris 1861—77. 9 Bde.

Ssâdik Issfabâni. Geographical Works of Sadiq Isfahani. Translated by „J. C." London 1832.

Serapion, Ibn: Description of Mesopotamia and Baghdâd, written about 900 A. D. Ed. by Guy Le Strange. JRAS. 1895. 297.

Tabari. Annales auctore Abu Djafar Mohammed ibn Djarir at-Tabari, quos ediderunt S. Barth, Th. Nöldeke, C. Loth, E. Prym, H. Thorbecke alii. Leiden 1879.

— — Chronique d'Abou Djafar Mo'hammed ben Djarir ben Yezîd Tabari, traduite sur la version persane d'Abou 'Ali Mo'hammed Belâmi par Hermann Zotenberg. Paris 1867 ff.

Yâkût. Jacuts geographisches Wörterbuch, hg. von Ferdinand Wüstenfeld. 6 Bde. Leipzig 1866—70.

— — Dictionnaire géographique, historique et littéraire de la Perse et des contrées adjacentes, extrait au Modjem el Bouldan de Yaqout, et complété à l'aide des documents arabes et persans pour la plupart inédits, par Barbier de Meynard. Paris 1861. 639 S.

II.
Persischer Meerbusen im Besonderen.

Ainsworth, W. F.: The River Kárún. an Opening to British Commerce. London 1890. 248 S. XXVIII.

Beke, Charles Tilston: On the Former Extent of the Persian Gulf and on the comparatively Recent Union of the Euphrates and Tigris. The London and Edinburgh Philosophical Magazine and Journal of Science. New and United Series. 2. Bd. 1834. 107—112.

Bent, J. Theodore: The Bahrein Islands in the PG. — PRGS. 12. 1890. 1—19.

Berghaus, Heinrich: Geo-hydrographisches Memoir zur Erklärung und Erläuterung der reducirten Karte vom PG. — Gotha 1832. 50 S.

Colville, W. H.: Land Journey along the Shores of the Persian Gulf, from Bushire to Lingah. PRGS. 11. 1867. 36.

Constable, C. G., Lieutenant: Memoir on the Hydrography and the Knowledge we possess of the PG. — TBombayGS. 12. 98—117.

— — Account of the physical geography of the PG. — TBombayGS. 15. 13—16.

Curzon, G. N.: The Kárún River. Chapt. 25 in „Persia and the Persian Question". 1893. 2. 330—387. — Derselbe in PRGS. 1890. 12. September und Fortnightly Review 1890 April, Mai; Times, 4. Februar 1890.

Fontanier, V., Vice-Consul de France à Baçorah: Voyage dans l'Inde et dans le Golfe Persique etc. Paris 1844.

Kanitz, F.: Verbindungsprojekt des PG. mit dem Mittelmeer. Mittheil. k. k. geogr. Ges. Wien 1870. 648.

Keber, A.: Der PMb. in Ersch und Grubers Allgemeiner Encyclopädie der Wissenschaften und Künste. 3. Section. 17. 25—32.

Kempthorne, G. B., Lieutenant: Notes made on a Survey along the Eastern Shores of the PG. in 1828. Paper read 8th June 1835. JRGS. 5. 1835. 263—285. (Meist im Anschluss an Vincent, Voyage of Nearchus, mit wenigen eigenen Zuthaten.)

Oesterreicher, von: Der PG. Oesterreichische Monatsschrift für den Orient. 1877. no 12.

Pelly, Lewis, Lieutnant Colonel: Report on the Tribes, Trade and Resources around of the Shore line of the PG. — TBombayGS. 17. 32—112. 1863 f.

— — Als gleichnamiges Buch 1874 in Calcutta erschienen. Inhalt: Political jurisdictions: 1. directly under the shah. but administered by Arab chiefs — 2. directly under shah himself — 3. farmed by shah to Sultan of Maskat — 4. directly under Sultan of Maskat — 5. independent Arab chiefs (formerly the pirates) — 6. Turkish dependencies — 7. directly Turkish — 8. Chaab Arabs (Bandar Maschûr). — Schilderung der Häfen: Hindijân S. 45 — Dilam 41 — Righ 44 — Búschar 46 ff — Linga 52 — Bandar Abbâss 53 bis 55 — Harmûs 55! — Kischm 57 — Hingâm 57 — maritime Arabs 65 — Bahrein 68 — Bassra 77 — history of import to Búschar 84 ff. — KK.

— — A Visit to Lingah, Kishm, and Bunder Abbás. JRGS. 34. 1864. 251—58.

— — Account of a Recent Tour round the Northern Portion of the PG. — TBombGS. 17. 1865. 113—140. (Kuweit. Katr, Maschûr, Rohilla.) K.

Report on the Administration of the Persian Gulf Political Residency and Muscat Political Agency. Calcutta. Von der indischen Regierung jährlich herausgegeben.

Schlagintweit, E.: Die Uferstaaten des PG. Globus 1876. 362. 357.

Schweiger-Lerchenfeld, Amand Frhr. von: Culturbilder vom PG. Oesterreichische Monatsschrift für den Orient. 1878. no 5. 6. 11.

Selby, W. B., Lieutenant: Ascent of the Kárún and Dizful Rivers. JRGS. 14. 1844. 219—46.

Schläfli, Alexander: Skizze der politisch-territorialen Verhältnisse der Gestadeländer des PG. (Geschrieben in Bombay Juni 1862.) 2. S. — PM. 1863. 210.

Sicard, F.: L'ile d'Ormuz. L'Explorateur. 1876. 389.

Stiffe, A.W.: The Island of Hormúz. Geographical Magazine 1874. no 1. S. 14.

— — Ancient Sites in the PG.: Siráf. Geographical Magazine 1894, August. (Soll fortgesetzt werden.)

Warner, H. W., Commander Residency Schooner Georgiana: Report on the Bay and Fort of Shewoo (Shiwû, Nordküste in 52° 7′ O) on the Shore of the PG. — TBombayGS. 17. 1865. 186—190.

Whitelock, Lieutenant IN.: Descriptive Sketch of the Islands and Coast situated at the Entrance of the PG. — JRGS. 8. 1838. 82 ff. und TBombayGS. 1. 1841. 113—127. K.

NB. Ausser den hier aufgeführten Arbeiten über den Persischen Meerbusen finden sich noch eine ganze Reihe von meistens populären Aufsätzen über Harmûs und Bahrein, die hier keine Berücksichtigung gefunden haben, da sie unselbstständige Arbeiten sind.

III.
Arabische Küste.

Badger, G. P.: Geography of the North-East-Coast of Arabia. 1882. Vgl. The Academy 1882 no 513.

Bent, J. Th.: The Bahrain Islands. PRGS. 1890. 1—19. K.

Blau, Otto: Arabien im 6. Jahrhundert. ZDMG. 23. 1869. 559—92. K.

Brenner, Richard: Maskat. PM. 1873. 60—62.

— — Perlen- und Fischhandel des PG. PM. 1873. 37. 2 Spalten.

Capitaine, H.: La ville de Mascate. L'Explorateur. 3. 1876. 472.

Durand, Captain and Sir H. Rawlinson: The Bahrain Islands. JRAS. 1879.

Fredé, P.: La pêche aux perles en Perse et à Ceylon. Paris 1887.

Glaser, Eduard: Skizze der Geschichte und Geographie Arabiens von den ältesten Zeiten bis zum Propheten Muhammed nebst einem Anhang zur Beleuchtung der Geschichte Abessyniens im 3. und 4. Jahrhundert n. Chr. Auf Grund der Inschriften, der Angaben der alten Autoren und der Bibel. Zweiter Theil. (Erster nicht erschienen.) Berlin 1890. 575 S.

Goeje, J. M. de: Mémoire sur les Carmathes de Bahrein. 1863.

Kloeden, G. A. von: Literaturübersicht von Arabien nach Vivien de St. Martin. Zeitschrift f. wissenschaftl. Geogr. 1. 1881. 230; mit Ergänzungen von J. M. de Goeje im selben Band.

— — Perlfischerei im PMb. Vossische Zeitung 1881. Sonntagsbeilage No. 37.

Manssûr, Scheich: History of the Seyd Layd, Sultan of Maskat. London 1819.

Palgrave, William Gifford, late of the 8th Regiment Bombay Native Infantry: Narrative of a Year's Journey through Central and Eastern Arabia 1862—63. London 1865.

Pelly, Lewis, Colonel, HBM. Political Resident in the PG.: Remarks on the Oyster Beds in the PG. — TBombayGS. 18. 1868. 32 ff.

— — A Visit to the Wahabee Capital, Central Arabia. JRGS. 35. 1865. 180 ff.

Rivoyre, Denis de: Obock, Mascate, Bouchire, Bassorah. Paris 1883.

Ruge, Sophus: Bahrein-Inseln. Welthandel. 2. 1870. 193 ff.

— — Die Perlenfischerei im PMb. Welthandel. 2. 1870. 193—961. (Geht auf Pelly, TBombayGS. 18. 1868 zurück.)

Sadlier, G. F., Captain: Journey from Katif to Yambo 1819. Transactions Literary Society Bombay. 3. 1823. Neudruck Bombay 1866: Diary of a Journey across Arabia in 1819.

Salil ibn Râzik: History of the Imâms and Seyyids of 'Omân from 661 to 1856. Translated from the Arabic by G. P. Badger. London 1871. Hakluyt Society. K.

Sprenger, A.: Die alte Geographie Arabiens als Grundlage der Entwicklungsgeschichte des Semitismus. Bern 1875. 314 S. K. — Cap. 12: Küste von 'Omân und das Vorgebirge Mosandam, 106—109. Cap. 13: Die arabischen Inseln im PMb., 109—122. Cap. 14: Die arabische Küste des PMb., 122—140.

Whitelock, Lieutenant IX.: Journey in 'Omân. JAsiaticS. Bombay 1836—38. — JRGS. 8. 1838.

Wilson, Colonel, late Resident, PG.: Memorandum respecting the pearl fisheries in the PG. — JRGS. 3. 1833. 283—86.

Wüstenfeld, F.: Bahrein und Jemâna. Nach arabischen Geographen beschrieben. Göttingen 1875. Abhandlungen der Göttingischen Gesellschaft der Wissenschaften. Bd. 19.

IV.
Morphologie und Geologie.

Andree, Richard: Die Fluthsagen. Ethnographisch betrachtet. Braunschweig 1891. 152 S. K.

Blanford, William T., ARSM., FRGS.: Note on the Geological Formations seen along the Coasts of Bilúchistán and Persia from Karáchi to the Head of the PG., and on some of the Gulf Islands. RGeolSIndia 5. Calcutta 1872. 41—45.

— — Note on Maskat and Massandim on the East Coast of Arabia. RGeolSIndia 5. 1872. 75—77.

Carter, H. J., late Bombay Medical Service: Report on Geological Specimens from the Persian Gulf collected by Lieutenant C. G. Constable IX. — JASBengal 28. 1859. 1.—4.

— — Memoir of the Geology of South East Arabia. JBombay Branch RAS. 1852. January.

Credner, Georg Rudolf: Die Deltas. PME. 56. 1878.

Haupt, Paul: Das babylonische Nimrod-Epos. Leipzig 1884—91. Assyriologische Bibliothek von Delitzsch und Haupt. Bd. 3.

Jensen, Peter: Kosmologie der alten Babylonier. 1890.

Jeremias, Alfred: Izdubar - Nimrod. Eine altbabylonische Heldensage. Leipzig 1891.

Karstens, Karl: Neue Berechnung der mittleren Tiefe der Oceane nebst einer vergleichenden Kritik der verschiedenen Berechnungsmethoden. Kiel 1894. Diss. inaug.

Krümmel, Otto: Versuch einer vergleichenden Morphologie der Meeresräume. Leipzig 1879.

Loftus, William Kennett, FRGS.: On the Geology of Portions of the Turko-Persian Frontier etc. QJGeolS. 11. London 1855. 251.

Stiffe, W. A.: On the Mud Craters and Geological Structures of the Makrán Coast. QJGeolS. 30. London 1874. 50—53.

St. John, Major Oliver B.: Eastern Persia. Account of the Journeys of the Persian Boundary Commission. 1870—71—72. Published by the Authority of the Government of India. London 1876. — Deutscher Auszug PM. 1877. 66—72. K. Vor Allem die orographische Karte in Band 1, Seite 6.

Tietze, Emil: Bodenplastik und geologische Beschaffenheit Persiens. Mittheilungen k. k. Geogr. Ges. Wien 1886. 517.

V.
Klimatologie.

Danckelmann, A. von: Regen, Hagel und Gewitter im Indischen Ocean. Archiv der Deutschen Seewarte. 3. 1880. 12.

— — Klima von Maskat. ZM. 16. 1881.

Davis, William Morris: Verkürzte Uebersetzung aus dem American Meteorological Journal 10. 1893. 333 ff. in AH. 22. 1894. 65—70. KK.

Gotthardt, Wilhelm: Studien über das Klima von Iran. 1. Theil. 28 S. Diss. inaug. Marburg 1889.

Hoogerwoerd, R. C. Heun, Baron de: Bericht des Holländischen Generalconsulates im PMb. über Handel, Klima etc. aus den Verzamelinge übernommen in AH. 1889. 192 und 885.

Kempthorne JRGS. 5. 1825.

Meves, E.: Ueber die Windverhältnisse des Indischen Oceans. AH. 1878. Heft 5.

Wagner, W.: Monsune und Orkane des Indischen Oceans. AH. 1878. Heft 8.

Wolkowitz, Kapitän, und Kapitän Hansen (Kommandanten des persischen Regierungsdampfers Persepolis): Beobachtungen über das Klima von Büschar, Muhamra, Felia. Deutsche überseeische meteorologische Beobachtungen, hg. von der Deutschen Seewarte. Heft 4. 5.

VI.
Handel und Verkehrswege.

Andrew, W. P.: The Euphrates Valley Route to India in Connection with the Central Asian and Egyptian Question. London 1882.

Berchett, G.: La repubblica di Venezia e la Persia. Torino 1865. 294 S.

Berghaus, Hermann: Gegenwärtige und künftige Wege nach Indien. PM. 1863. 143 ff.

Blau, Otto: Die commerciellen Zustände Persiens. Dargestellt nach den Erfahrungen einer Reise im Sommer 1857. Berlin 1858.

Cameron, Verney Lovett: Our Future Highway. London 1882. 2 Bde.

Carnap, A. von: Persischer und österreichischer Handel im Orient. Welthandel. 3. 1871. 122.

Champaign, J. N. B.: On the Various Means of Communication between Central Persia and the Sea. PRGS. 5. 1838. 121—38. K.

Contarini. Viaggio del Magnifico Messer Ambrogio Contarini Ambasciator di Venetia ad Ussuncassan Re di Persia hora chiamato Sophi' S. 65—107 in Viaggi fatti da Venetia alle Tana, in Persia, in India, et in Constantinopoli: con la descrittione particulare di Città, Luoghi, Siti, Costume, et della Porta del gran Turco. Vinegia 1543.

Cornet, Enrico: Lettere al senato veneto di Giosafatte Barbaro, ambasciatore ad Usunhasan di Persia, tratte da un codice originale della I. R. Bibblioteca di Vienna ed annotate per E. C. — Vienna 1852.

Formaleoni, V.: Saggio sulla nautica antica de' Veneziani. ill. (d'alcune carte idrografiche antiche d'A. Bianco 1436) della biblioteca de S. Marco. Venezia 1783.

Hagemeister, J. D. von: Der europäische Handel in Persien und der Türkei. Riga 1838.

Häntzsche, J. C.: Specialstatistik von Persien. ZGE. Berlin 4. 1869. 428—450.

Heyd, Wilhelm: Geschichte des Levantehandels im Mittelalter. Stuttgart 1879. 2 Bde.

Jonge, J. K. J. de: De reis van Jhr. T. M. Lycklama à Nyeholt dor Perzië, de vroegere handel der Nederlanders aldaar en de tegenwoordige staat des handels in dat rijk. — Tijdschrift van het Aardrijk. Genootschap te Amsterdam. 1875. S. 143.

Koner: Handelsverhältnisse Persiens. ZAE. Berlin 14. 1863. S. 265. (Nach dem Preussischen Handelsarchiv 1863. no 8.)

Law: Trade of Persia. PRGS. 1889. S. 242 (nach dem Bericht des Foreign Office).

Pelly, Lewis, Lieutenant Colonel: On the Geographical Capabilities of the Persian Gulf as an Area of Trade. PRGS. 8. 1864. 18.

Rausch von Trembenberg: Hauptverkehrswege Persiens. Versuch einer Verkehrsgeographie dieses Landes. Halle a. S. 1890. 128 S.

Ritter, Carl: Gegenwärtige Zustände von Land und Volk im Mündungslande des Schatt el Arab und ihre commerciellen Verhältnisse zum Perser-Golf. (Erläuterung 3 zum Stufenland des Euphrat- und Tigrissystems. West-Asien V. 3.)

Savary: État général du commerce de l'Asie. Im Dictionnaire universel de commerce. Paris 1741. Band 1. 415 ff.

Schlagintweit, E.: Der Handel im PG. — Oesterr. Monatschrift f. d. Orient 1883. 6.

Stolze, F., und F. C. Andreas: Die Handelsverhältnisse Persiens mit besonderer Berücksichtigung der deutschen Interessen. K. PME. 77. 1885. 86 S.

Stüwe, F.: Die Handelswege der Araber unter den Abbassiden durch Afrika, Asien und O.-Europa. K. Berlin 1836.

Tex, N. J. den: Onse handel in de PG. en de Roode Zee. Economist 1871. 1 ff.

Thieury, J.: L'histoire des relations entre la Perse et la Normandie suivie des traités de commerce conclus entre ces deux pays. Evreux 1866.

Wappäus, J. E.: Untersuchungen über die geographischen Entdeckungen der Portugiesen unter Heinrich dem Seefahrer. Beiträge zur Geschichte des Seehandels und der Geographie im Mittelalter. Göttingen 1842

VII.
Karten und Segelanweisungen

1. Persien.

India Office. Map of Parts of Persia and Arabia, in 1:2 000 000. Compiled for the Indian Survey by H.B.M's Resident in the PG. Calcutta-London 1883. India Office. (Umfasst 16°—23° N, 44°—62° O.)

Hausknecht, C.: Routen im Orient. 4. Theil: Centrales und südliches Persien. 1:800 000. Berlin 1882. Dietrich Reimer.

St. John, Oliver B., Major: Map of Persia, compiled principally from original sources, by order of E.B.M's Secretary of State for India. 6 Blatt in 1:1 014 000. (Hergestellt auf Grund der unter Sir Frederic Goldsmid von Euan Smith, St. John, Beresford Lovett geführten Grenzcommission für Makrân, Sseistân und Charâssân 1870—72.) Nach dieser Karte gab 1877 A. Petermann seine Höhenschichtenkarte in 1:7 500 000. PM. 1877. T. 4.

Strebnitzki, Kaiserl. Russischer Generalmajor: Karte von Persien in 1:8 400 000. St. Petersburg 1879. Dazu eine Denkschrift in den „Ssapiski" der K. Russischen Geogr. Gesellschaft 8. Heft 1 Nr. 2. 148 S.

Zimmermann, C.: Versuch einer Darstellung von Südiran (zu Ritters Erdkunde). Berlin 1850.

2. Indischer Ocean.

Britische Admiralität: The Indian Ocean. (General chart.) 15. April 1857. 1:17600000. — The Indian Ocean (large scale) British Adm. Chart no 748a Northern Street. 1:7600000.

— — The Arabian Sea, including Ceylon, Gulf of Persia, Entrance of the Red Sea and Zanzibar. Brit. Adm. Ch. no. 1257, 1257a. Calcutta 1881. Marine Survey of India.

Deutsche Seewarte: Der Indische Ocean, ein Atlas von 35 Karten, die physikalischen Verhältnisse und die Verkehrsstrassen darstellend. Beilage zum Segelhandbuch des Indischen Oceans, hg. von der Direction der Deutschen Seewarte. Hamburg 1891.

Krümmel, Otto: Tiefenkarte des Indischen Oceans. 1:37500000. Kettlers Zeitschrift für wissenschaftliche Geographie. 1881. Lahr. Heft 3.

Mannevillette, lieutenant des vaisseaux de la Compagnie des Indes: Le Neptune oriental ou Routier général des côtes des Indes orientales et de la Chine. Paris 1745. Folio. (Mit eigener Karte des PMb. T. 3.)

Salzmann, H.: Tiefenkarte des Indischen Oceans. 1:50000000. PM. 1889 T. 10, mit Text von A. Supan. S. 108—170.

Vereinigte Staaten von Amerika, Admiralität: The Indian Ocean. Compiled from the Latest Authorities. 1:7500000. U.S.A. Hydrographic Office, Admiralty. No 854 a b c d. Washington. 4 Blatt.

— — Monsoon und Trade Wind Chart of the Indian Ocean. Maury's Atlas, Series B. Washington 1859.

3. Persischer Meerbusen.

Arrowsmith, A.: Chart of the PG., from original materials communicated by Capt. Ritchie, Lieutenant Bartholemew RN. and others. London 9 May 1810. 1:1500000.

Berghaus, Heinrich: Atlas von Asia. Gotha 1832. T. 12: Reducirte Karte vom PG. (Nach der Seekarte von Guy und Brucks [1829] im Maassstab von 1:2380000 hergestellt.)

Constable, Commander C. G., and Lieutenant A. W. Stiffe, IN.: PG. 1860. Brit. Adm. Ch. 2837 a b. Mit Beiträgen von Capt. J. M. Guy und C. R. Bruck's EIC. Marine (1821—29) und Nachträgen bis März 1891. 2 Blatt in 1003000. Mit zahlreichen Kartons und Küstenansichten.

Dalrymple, A.: A Collection of Charts, Plans of Ports etc. in the Indian Navigation. 18 Bände. Class 7th: The Gulph of Persia (24 Karten). London 1786. 1. Plan of the Bays of Muscat and Matura. Holländische Handzeichnung. — 2. Plan of the island of Karrack and bay of Bunderek (= Bander Righ). Englische Hz. — 3. Capt. David Simmons: Plan of Bushier. — 4. John van Keulen: Plan of the Kismil Channel (zwischen Kangûn und Bandar Abbâss) 1,5871 inch. to 1° Lat. — 5. Three Bays in the South Coast of Persia. — 6. M. Hunter: The Road of Jasques (Dschâschk). Handschriftlich. — 7. John Thornton: Maculla Bay. 1703. — 8. Captain Smith: Morchat Bay (Süd-Arabien) 1781. — 9. John Mac Cluer: Muttrah Harbour 1785. — 10. A. Dalrymple:

Chart of the Head of the PG. (nach Lieutenant McCluer 1786). —
11. Richard Gough: Chart of the River Euphrates, from the City of
Basara to the Gulph of P., taken in the year 1724. Englische Hs. —
12. Lieutenant Cant: Part of PG. (Kischm). — 13. Edward Harvey:
Part of PG. (Kischm). 1778. — 14. C. Russel: Part of PG. (SO). Hs. —
15. Lieutenant Edward Harvey and C. Russel: Bussorah River. 2 Blatt.
2 Kartons der Ostküste. — 16. de Mannevilletto: Golfe Persique. 2 Bl.
1745 und 46. (Aus dem Neptune Oriental.) — 17. Carsten Niebuhr:
Sinus Persicus. Maximam partem ad observationes proprias a. 1765
institutas delineatus. 1,15 inches to 1°. (Aus der Reisebeschreibung
nach Arabien. Kopenhagen 1774.) d'Anville: GP. 2 Bl. 2,175 inches
to 1° L. (Aus den Mémoires de l'Académie de Belles Lettres vol. 30.)
— 18. John Thornton: GP. 1703. 1,8375 inches to 1° L. — 19. John
van Keulen: GP. ohne Datum. (Wende des 17. und 18. Jahrh.) —
20. Engelbert Kempfer: Sinus Persicus. 1,175 inches to 1°. (Aus
seinen Amoenitates exoticae. Lemgo 1712.) Auf demselben Blatt Hz.
nach Claud Russel. — 21. Lieutenants Edward Harvey und John Cant
1778: Skizzen der Ostküste des PMb. — 22. John Friend: GP. 1704.
2,13 inches to 1° L. Golfe Persique (aus dem Petit Atlas Maritime
von Bellin vol. 3) in 0,73 inches to 1° L. 1764. 1775. — 23. John
Mac Cluer: A Corrected Chart of the PG. 1786. 87. Mit Lothungen
längs der ganzen Nordwestküste und gegenüber von Masskat. — 24.
Plan of Karrack (Chárak) und Korgo. Französische Hz. 1787.

Guy, Captain J. M.: Mehrere Kartenskizzen des PMb. in den TBombayGS.
1822—1837.

Haines, Lieutenant IN.: ebenda.

Horsburgh, Captain James: Tafel 12 seines East India Pilot, London
1824, Arabian Sea, mit Karton des PMb.

Hurd, Captain, Hydrographer to the Admiralty: Chart of the PG., con-
structed from the drawings and observations of Captains Wainright
etc. etc., Commanders in the East India Company's Marine, collated
with various manuscripts and printed documents in the Hydrographic
Office. London 21. September 1820. Additions to 1822 from Captain
Loc, RN. — 1:1500000.

Die Karten von Kempfer 1712, von Niebuhr 1765 und andere gründ-
liche Darstellungen sind schon von Dalrymple 1786 zusammengestellt worden.
Die in Werken wie von Tavernier, Linschoten 1596 u. A. können heute nur
ein geschichtliches Interesse als Merkwürdigkeiten beanspruchen.

4. Schatt al Arab.

Britische Admiralität. (Persian Gulf.) Mouth of the Euphrates Schatt
al Arab and Bahmishir River, from information available to 1889.
Natural Scale 1:90290. Published at the Admiralty 28 February 1890.
Verfasser Captain W. J. L. Warton RN., FRS., Hydrographer. — Brit.
Adm. Ch. no. 1235.

(John Mac Cluer 1786, Richard Gough 1724, Edward Harvey 1778,
Claud Russel 1778 siehe bei Dalrymple 1786).

5. Segelanweisungen.

Cluer, Mac John: Memoir concerning the Navigation between India and the PG. VI und 98 S. bei Dalrymple.

Cutler, Nathaniel: General Coasting Pilot. London 1728. S. 100 ff.

Dalrymple, A.: Memoirs of the East Coast of Arabia, of the Navigation between India and the PG. etc. London 1783, printed by Georg Bigg. (Begleitbuch zu Dalrymple's Collection of Charts, Classe Sieben. Enthält u. A. Seite XXXVII bis XLIV ausführliche Liste vergleichender Positionsbestimmungen, nach den widersprechenden Angaben von Niebuhr, Kempfer etc. etc)

Elmore, H. M.: The British Mariner's Directory and Guide to the Trade and Navigation in the Indian and China Seas. London 1802. 342 S.

India Directory. James Horsbrugh FRS., AS.: India Directory or Directions for Sailing to and from the East Indies, China, New Holland, Cape of Good Hope, Brazil and the Adjacent Ports. London, 3rd Edition 1826. 2 Bde. Band 1. S. 279—319. GP. Winds and Currents.

Indian Ocean Directory. A. G. Findlay: A Directory for the Navigation of the Indian Ocean, with description of its coasts, islands etc. from the Cape of Good Hope to the Strait of Sunda and West Australia, including also the Red Sea and the PG., the winds, monsoons and the passage from Europe to its various ports. London, neueste Auflage 1882. KK. S. 755—794 über den PMb.

Pein, Capitän: Bericht über die Fahrt der Bark Ella von Batavia nach Bandar Abbâss, Bûschar und Bassra. AH. 11. 1883. 420 ff. (mit Kritik des IOD.).

Persian Gulf Pilot, comprising the PG., Gulf of 'Omán and Makrán Coast. 1864. Originally compiled by Captain C. G. Constable and Lieutenant A. W. Stiffe, Late IN. — Third Edition. Published by Order of the Lords Commissioners of the Admiralty. London 1890. Printed for the Hydrographic Office, Admiralty. 332 S.

Verzeichniss
der
wichtigeren Inseln des Persischen Meerbusens.

Von N nach S angeordnet, mit Angabe ihrer höchsten Erhebung überm Meeresspiegel und ihres Flächeninhalts, nach Berghausens und meinen (vorläufigen) Berechnungen.

Lage	Name	Höchste Erhebung überm Meeresspiegel in Metern	Flächeninhalt in qkm nach	
			Berghaus 1832	G. 1897
29° N	Bûbiyân	—	—	946
„	Fêludscha	—	25	20
„	Chârak	86	88	60
„	Kubbar	—	3	2,5
28°	Kâru	—	3	2
„	Umm Marâdim	—	3	2
27°	Fârssi	3	3	2
„	Arabî	1	3	2
„	Abû Ali	—	13	10
„	Harmûs	210	55	46
26°	Kischm	400	1690	1230
„	Lârak	155	34	28
„	Schaich Schuaib	36	138	112
„	Schittwâr	—	3	2
„	Hindarabî	30	11	7,6
„	Hingâm	100	34	28
„	Kisch	36	17	13
„	Farûr	140	3	2,5
„	Kl. Keilinsel ⎫ Benât . . .	50	3,5	0,5
„	Gr. Keilinsel ⎭ Ssalâma . . .	164	7	3
„	Tarût	—	20	15
„	Muharrik	—	20	15
„	Bahrein (Awâl)	120	1000	759

— 88 —

Lage	Name	Höchste Erhebung überm Meeresspiegel in Metern	Flächeninhalt in qkm nach	
			Berghaus 1832	G. 1897
26°	Tamb	49	13	10
„	Nâbiya Tamb	34	7	4
25°	Schaich Ssirri	15	55	46
„	Abû Mûssa	110	34	28
„	Halûl	54	3,5	2
„	Ssir Abû Nair	73	23	18
„	Dâss	43	3	2
24°	Karnein	57	2,5	2
„	Sirkûh	165	11	7,6
„	Dhâlma	93	40	32
„	Ssir Beni Yass	130	72	60
„	Gruppe SW von Abû Dhabi .	—	500	385

Gesammtflächeninhalt dieser Inseln: 3940,5 | 3805,7 qkm,
wobei zu beachten, dass Bûbiyân mit über 900 qkm bei Berghaus fehlt.

Geographisches Namenverzeichniss mit Darstellung der Schreibung in der Ursprache.

NB. Gegenüber der grossen Regellosigkeit und irreführenden Willkür, die sich auf den meisten Karten des Persischen Meerbusens in der Schreibung der Namen findet, soll hier ein Versuch gemacht werden, auf Grund der zuverlässigsten Quellen Namen und Aussprache der wichtigsten geographischen Punkte dieser Gegend nach Möglichkeit richtig zu stellen. Bei der hier herrschenden Sprachverwirrung, wo zahlreiche arabische und persische Mundarten sowie die Verkehrssprachen der Nachbarländer an der Namengebung beteiligt sind, kann auf Vollständigkeit und streng kritische Fassung und Erklärung kein Anspruch gemacht werden. Zur Nachprüfung ist für Kenner stets die urschriftliche Schreibung beigefügt, während sich die sonst üblichen, meist ungenauen oder fehlerhaften Formen in Klammern daneben befinden. —

Abbadân عبّادان auch Dschasîrat al Chidhr جزيرة الخضر — grünes Eiland genannt. Insel zwischen dem Bahmischîr und Dewâssir im Mündungsdelta.

Abrûn s. Awâl.

Abû ابو eigtl. — Vater. In übertragener Bedeutung — gross, hervorragend, vielfach zur Bildung von Namen verwendet.

Abû Alî ابو على Insel an der Küste Al Hassa, bei Ptolemaios Ἴχαρα.

Abû Dhabî ابو ذبى (Abothubbee, Buthabin, Sabi) Stadt an der W. Küste von Omân.

Abû Nair سر ابو نير (Seir Abonaid) Insel in 54° 12′ O.

Abûschahr s. Bûschar.

Aden عدن Die auch bei uns meist gehörte Aussprache der Engländer — Eden ist völlig haltlos; zuweilen hört man an Ort und Stelle 'Idn'.

al Aghdî s. Dschebbel al Akda.

Ahwâs اهواز (Ahwauz) Stadt am Kârûn.

Aleppo s. Halab.

Alexandrette s. Isskanderûn.

Angar s. Hingâm.

Arabistân عربستان Bezeichnung für Chûsistân.

Assabon s. Mussendim.

Awâl اوال (Aual, Oval) Name der Hauptinsel der Bahreingruppe — Haifischinsel, nicht wie Niebuhr meinte — erste Insel. Bei Ibn Chordâdbeh Abrûn genannt, Γυλος νῆσος bei Ptolemaios.

Baalbek بعلبك

bâdgîr بادگير (baudgheer) — Windthurm, Lüftungsvorrichtung, ein Wahrzeichen der meisten persischen Küstenorte.

Baghdâd بغداد

Bahmischîr بهمشير Arm des Schatt al Arabs, wahrscheinlich nach Bahman Ardeschîr so genannt, der viel für die Stromregelung des Deltas gethan hat.

bahr بحر = Meer.

Bahr al Fôriss بحر الفارس arabischer Name des PMb.

Bahr i ssabs بحر سبز — grünes Meer, Bezeichnung für den PMb.

Bahrein بحرين — die beiden Wasser, so genannt nach den beiden Hauptgewässern der Insel, Muhallim معلم und Ain al Dschuraib عين الجريب

Balûtschistân بالوچيستان bandar (bunder, bender) بندر — Hafen.

Bandar Abbâss بندر عباس Nach Abbâs dem Grossen, seinem Gründer, genannt. Früher Gamrûn گمرون (Gumbron, Gomroon) geheissen.

Bandar Righ بندر ريغ (Reeg, Bennary).

Banu Kawân جزيرة ابن كاوان

Bâraki s. Mubâraki.

Bardistân وردستان — Rosengarten.

Bassidu, Stadt auf Kischm, angeblich aus dem Portugiesischen baxador (= Gesandter), daher auf älteren Karten Bassadore. Tomaschek schreibt بامى دوه Bâss i Dûh.

Bassra بصره (Baçorah, Balsora), eigtl. بصرى s. PM. 1896. 82.

al Battina بطنه — Flachland; Plural بطايح batâyih.

Benât Ssalâma بنات سلامه — Töchter der Sicherheit, Inselgruppe in der Strasse von Mussendim.

al Bidhâ البضا oder بداع — Kesselförmige Aushöhlung im Sandstein, Name mehrerer Ortschaften an der arabischen Küste.

Bombay بمبى oder منبى (Mumbai). Die portugiesische Etymologie von boa bahia ist zu verwerfen.

Brahûi براهوى in Balûtschistân.

Bûbiyân ابوبيان grosse Schwemmlandinsel im Osten des Schatt al Arabs.

Bûmûssa ابوموسى (Bumose, Bamosa) — Vater von Moses. Insel im 55°21'O

Bû Rayyâl ابورپال Berg von 760 m am Kap Bâraki in Fârss. Bei den Engländern The Asses Ears.

Bûschar ابوشهر (Abûschehr, Buschire,) eigtl. — Vater der Städte. Bei Niebuhr Abuschähhr.

Chaima, Râss al Chaima راس الخيمه — Zeltvorgebirge (Khymu). Kap am Ruûss al Dschebâl.

Chalîdsch al Fâriss خليج الفارس Name des PMb. bei den Arabern.

Chârak خارك (Kurrack, Karedj) bei den Arabern auch Châredsch خارج bei Plinius Aracia, bei den Portugiesen ylha da Carga.

Charâssân خراسان (Khorasan).

Chîn خين (Kheen).

chôr خور auch chaur (Khor, Khawr) gesprochen = Hafen, Flussmündung, Creek.

Chôr Mûssa خور موسى (Khormose) — Mosesfluss, westlicher Hauptarm des Schatts.

Chôr as Ssubiya خور السبيه westliche Mündung des Schatts.

Chûsistân خوزستان (Khozistân).

Clarence Strait, von Capitän Brucks herrührender Name für die Fahrstrasse zwischen Kischm und dem Festland.

Daryâ i Farss دريا فارس persischer Name des PMb.

Daurak دورق Stadt im Deltaland.

Daurakistân دورقستان das alte Καταδέβρις bei Nearchos.

Dhâlma ظالمه = die dunkle (Dalmy) Insel in der Bucht von Ssubâcha.

Dhofâr دفار
Dîl ديل
Dilam ديلم (Deelum, Dilem).
Dschâschk جاشك (Jashaq, Jasquee, Djask), auch Dschâssk.
dschasîrat جزيرة (Juzeerut, Djazira) = Insel.
dschebbel جبل (Djebel, Jabal, Jubble) = Berg. Plur. Dschebâl جبال
Dschebbel al Akda جبل العقدة (Agthee)
— Dîrang ديرنك Berg von 1000 m in Fârss, = Berg des Zauderns.
— Thâni جبل ثانى = der zweite, 76 m, an der Ssubâcha Küste.
Dscherd. Râss al Dscherd راس الجرد = Kahles Kap.
Dûhat دوحة = Bucht. Name einer lebhaften Handelsstadt in Al Katr, dicht neben Al Bidhâ. (Dauha, Doheh).

Euphrat فرات Frât.

Fakkân, Chôr خور فكان
Fârssistân فارستان
Farûr فرور (Belior, Polior, Nobfleur) Insel S von Kap Bastâna. Bei Arrianos Πύλωρα.
Fêludscha فيلجه oder فيلكه bei Chordâdbeh Feldsche. (Peluche, Feludje, Failaka) Insel im NW. des PMb. Bei Ptolemaios Ἄπφανα νῆσος.

Gamrûn s. Bandar Abbâss.
Geis s. Kisch.
Gerrhae, Γέρραι altberühmte Handelsstadt der Chaldäer und Phöniker, nach Glaser 2. 229 u. 253 nur im SW. Winkel des Buscns von Al Katan denkbar; bei Plinius Carrhae, nach Sprenger جرعا Dscherâ, Gerâ = Ödland.
Gwâdar گوادر (Gwetter) Station des indo-europäischen Telegraphen an der Küste von Makrân.

Hadd حدّ oder حدّ (hadh) = niedrige, scharf vorspringende Landzunge; so Râss al Hadd راس الحدّ
Hadhramaut حذرموت (Hadrmôt).
Haffâr, Râss راس هفار
Haïl حيل (Hajîl, Hyel).
Halab حلب Aleppo (Halep).
hâlet حالة = Untiefe.
Halûl هلول
Harmûs هرمز oder هرموز (Harmus) Bekannter unter der fehlerhaften Form Ormuz. Bei Nearchos Ὄργανα, bei den Portugiesen auch Jerrâ genannt. Palgrave 2. 255 bestätigt ausdrücklich als gebräuchlichste einheimische Aussprache Harmûs, und diese Form findet sich auch schon bei Yâkût 1. 503 Zeile 4.
al Hassa, الحصا bei Euting auch حسا = weiches Flachland, das aufgefangene Feuchtigkeit lange unter der Oberfläche hält. Name des Küstenstriches von Bahrein bis Kuweit. Bâr al Hassa بار الحصا (el Adan, Alhassa, Lachsa).
Hidschâs حجاز = (Hedjaz).
Hindarabî هند عربى eigtl. arabisches Indien (Inderabia, bei Nearchos Ἴλα, bei Ibn Chordâdbeh ابرون Abrûn, bei Teixeira Andravy, bei den Portugiesen Andarabym, bei d'Anville Andarvia).

Hindustân هندوستان
Hingâm هنگام, bei den Arabern Hindschûm (Angar, Engam, Hindjam).
Hofhûf هفهوف
Hull. Râss Hull Barkân راس حل برقان = Kap der einschlagenden Blitze, an der Hindiyân-Mündung in der NW. Ecke des PMb.

Inderabia s. Hindarabî.
Irâk عراق (Uraq).
Irân ايران
Isfahân اسفهان oder اصفهان (früher Ispabân, woraus durch Arabisierung die jetzt allgemein übliche Form entstanden ist.)
Isstachr اصتخر arabischer Name für Persepolis.

Kâdessia قادسيه nicht Kadésia.
Kâdschâr قاجار
Kalhât قلهات oder قلحط
Kangûn كنگون (Congoon, Kunkun), Γώγανα bei Nearchos.
Karâtschi كراچى (Curachee, Karachi).
Kârga, Râss راس كارگه = Vorgebirge der Werkstätten, Punkt bei Linga (Kharyu, Cawrgu).
Karnein قرنين = zweigehörnt, Insel von 58 m Höhe in der Ssubâcha-Bucht. (Girnein, Djernein).
Kârûn كارون (Cawroon,) bei Nearchos Πασιτίγρης = hinterer Tigris, bei Barros o rio Carom. Sonst auch دجيل Dodscheil = kleiner Tigris.
Kassâb قصاب = Fleischer. (Cussaub) Bucht und Stadt am Râss al Dschebbâl).
al Katan القطن

Katîf قطيف (Kuteef).
al Katr القطر (Getter, Kater), Κάδαρα bei Ptolemaios.
Kirmân كرمان
Kisch كيش Arabisch auch قيس Keis, (Geis, Kesch, Käs, Kenn, Guase) bei Nearchos wohl = Καταγη, Barros Quixi.
Kischm كشم oder قشم sonst bei den Arabern Dschasîret at Tawîla جزيرة الطويله = lange Insel genannt, bei den Persern entsprechend جزيرت دراز Dschasirat i Dirâs (Durauz). Bei Nearchos 'Οάραχτα, Ptolemaios Οὐορόχθα, Strabon Διοράχτα, Teixeira isla Broct, bei Niebuhr nach der gleichnamigen Stadt Left, Thévenot Quesomo, Chardin Kichmichs. An Teixeiras Broct klingt auch Yakûts بركاوان Barkâwân an (ed. Wüstenfeld 6. 465). vgl. JA. 9. 1826. 47. 67.
Krîn s. Kuweit.
kubba قبّة = tiefer schmaler Zugang.
kûh كوه = Berg, häufig auch nach älterer Aussprache Kôh, gleichbedeutend mit Ar. Dschebbel.
Kung كنگ (Conk, Congo).
kûr كور = Bezirk.
Kuriât قريات
Kuweit كويط = kleine Festung, Verkleinerungsform von كوط. Name der bedeutendsten Siedlung an arabischer Seite. Auch Krîn قرين genannt, von ar. قرن = Korn. (Kueït, Quade, Grän, Gren). Bei Ptolemaios 'Αδαρου πόλις, was vielleicht als 'Αγαρου zu Agra bei Plinius stimmen würde (Sprenger).
Laft لغت (Left) bei Ibn Chordâdbeh Lâft.

Lârak لارك (Laredj, da bei den Arabern auch Lâredsch).
Lâristân لارستان
Linga لنجه لنكه Lindscha (Lingah, Lundje).

Madâïn مدائن arabischer Name für Ktsesiphon.
Maidân Ali ميدان على Wattgrund vorm Schatt al Arab.
Makrân مكران, bei Nearchos Küste der Ἰχθυοφάγοι.
Masskat مسقط oder مسكت (Muscate,) bei Arrianos Μόσχα.
Medina مدينة النبى madinat an nabî = Stadt des Propheten.
Menâma منامه auf Bahrein.
Mesnâ مضناع an der Küste von Masskat.
Mînau ميناب = Brackwasser, bei Nearchos Ἄναμις.
Moghû مغو am Râss Bistâna.
Môssul موصل (Mosoul).
Mubâraki مباركى = gesegnet. Mehrfach vorkommender Name von Ortschaften und Vorgebirgen. So Râss Mubârak (Muwarick, auch Kap Monze genannt) bei Karâtschi.
Muhâmra محمّره (Mohammerah).
Muharrik محرّق (Maharag) auf Bahrein, — die verbrannte, bei Ptolemaios Ἄραδος, Niebuhr Arad.
murakkat مركّت = Untiefe mit Schlickboden.
Mussendim مسندم = Amboa. (Masandom) bei Ptolemaios Ἀσαβων.

Nûband, Râss راس نابند (Nabon).
Nûbiya نابيه kein einheimischer Name, wohl Verstümmelung fremden Sprachguts. vgl. JRGS 8. 1838. 182. Kommt häufig bei Inselnamen vor.
nachîla نخيله = kleiner Dattelpalmenhain, häufiger Ortsname.
nachl نخل = Dattelpalme. So Bandar Nachl (Bender Nukhl) = Dattelhafen.
nahr نهر = Fluss.
Nedschd نجد

Obolla ابلّه (Oboleh) im Deltaland.
Omân عمان
Omâra, Râss راس عمارة = Vorgebirge mit dem Gebäude. Bei Nearchos Βαγισαρα.
Ommana Ὄμμανα nach Glaser 2. 80 nicht mit Sprenger = Ssohâr zu setzen, sondern obwohl Handelsplatz der Persis (s. Periplus) an der Küste zwischen Mussendim und Katr zu suchen.
Ôphîr אוֹפִיר
Ormuz s. Harmûs.

Polior s. Farûr.

Qoins. Benât Ssalâma.

Râëmâ רַעְמָה bei Hesekiel 27. 22, in der Septuaginta Ῥέγμα. Nach Blau = رجام Redschâm an der Ssubâcha-Küste. Vgl. dazu ferner 1. Chron. 1. 9 und Genesis 10. 7.
Rakkan, Râss راس ركن (Reccan).
râss راس = Vorgebirge. Plur. رُوس ruûss.
Rischar. Bandar بندر ريشعر (Reeshehr).

Schah Abû Schâb شاه ابو شاه Küstenstadt in Fârss.

Schaich Schuaib شيخ شعيب (Busheab, Shuekh Shab).
Schaich Massûd شيخ مسعود
Schâm, Râss asch رأس الشام — Nordkap.
Schamâl شمال — Nordwind, im PMb. Name für den NW.
Schârak s. Schardscha.
Schardscha شرقه — die östliche (Sharqa, Sharju, Scharga). Im Lande selbst wird das ق wie dsch gesprochen. vgl. Palgrave 2. 301.
schatt شطّ — Süsswasser.
Schatt al Arab شطّ العرب — Araberfluss.
Schatt al Kobân شط القبان bei Ptolemaios Μοσσαῖος Ποταμός mit einem nur zufälligen Anklang an den in der Nähe befindlichen Chôr Mûssa.
Schilau s. Ssîrâf.
Schitwâr شتوار — Wasserstrasse, Kanal.
Sirkûh زيركوه — drei Berge (Zircooa), Name der höchsten Insel (160 m) an der arabischen Küste.
Ssabs Puschân سبز پوشان — grüne Gründe, südlich vom Kûh i Bang.
Ssaffawî صغوى
Ssahrâ صحرا Die Aussprache Sáchara übertreibt nach der Weise früherer Orientalisten (Niebuhr und späterer) die Wiedergabe des starken Hauchlauts ح zu dem völlig verschiedenen ch.
Ssalâma s. Benât Ssalâma.
Ssayyad سيد (Seid, Syed) eigtl. — Herr, wird an der arabischen Küste von den Wahhabi für Moscheen und ähnliche Kuppelbauten gebraucht,
die als Landmarken dienen können. Daher vielfach in Ortsnamen.
Ssîb سيب
Ssîrâf سيراف vulgär Schilâw شيلاو, eine Aussprache, die schon Yakût ZDMG 18. 420 als die der Küstenländer nennt. Noch heute findet sich 7 km von Tâhiri, an dessen Stelle das alte S. lag, ein Dorf namens Schilâw (auf Berghausens Karte Schilû).
Ssohâr صحار
Ssokotrâ سقطرا gelegentlich auch Ssokôtra سقوطرا
Ssubâcha سباخه
Ssuêss سويس Suez. Die von den Franzosen geschaffene Schreibung mit der (französischen) Aussprache Ssüâss giebt den richtigen Laut ganz gut wieder.
Ssulîmân سليمان (Soleiman) — Salomo. Kûh i Ssulîmân in Balûtschîstân — Salomoberge.
Ssultanîya سلطانيه (Sultania,) — Königsstadt.

Tabris تبرير (Tabreez, Täbriz).
Tâhiri طاهرى (Tarieh, Taurie).
Tamb طنب (Tomb) häufig bei Inselnamen.
Tanura, Râss رأس طنورة — Strudelkap.
Tarâbuluss طرابلس Tripolis.
Tarût طاروت (Tirhoot) Insel bei Katîf, Θđσα PtoL
Tawila s. Kischm.
Tehâma تهامه
Thabi s. Abû Dhabî.
Tigris بجله Didschle.
Tschârak چارك

Turkestan تركستان
Turundschî, Râss راس ترنجى Zitronenkap, NW. von Tschârak.

Umm اٌم (Om) = Mutter, ähnlich wie Abû (Vater) zu Namensbildungen gebraucht.
Umm al Ichwein اٌم الاخوين = Mutter der beiden Brüder (Ghowain, Khuwein, bei Berghaus Amalgawein), Stadt an der W. Küste von Omân. Nach Sprenger = Κάβανα πόλις bei Ptolemaios.

Umm al Kuram اٌم الكرم = Mutter der Mangrowen, Insel am Râss Mutâf.
Umm an Nachila اٌم النخيله = kleiner Dattelhain.

Wâdi وادٍ = Rinnsal, Thal.
Wahhabî وهبى (Wuhabee).
Wilâyet ولاية = Provinz.

Yassâb يساب (Yusaub).
Yemen يمن

Nachtrag.

1. Erst nach Drucklegung der vorstehenden Arbeit erfuhr ich, dass kürzlich auch ein deutsches Kriegsschiff den Persischen Meerbusen besucht hat. Da bei diesem Anlass der Kaiserlichen Marine zum ersten Mal Gelegenheit gegeben wurde, ihre Flagge in jenen Gewässern zu zeigen, so sei hier kurz dieser denkwürdigen Fahrt gedacht, wenn sie auch weder für die in dieser Abhandlung berührten Fragen noch sonst für die Geographie neue Ergebnisse geliefert zu haben scheint.

S. M. S. Cormoran, Kreuzer vierter Klasse, Kommandant Korvettenkapitän Brinkmann, war am 16. Oktober 1894 von Kiel zur Wahrung der deutschen Interessen in Südost-Afrika während der Unruhen in den portugiesischen Besitzungen nach Lourenço Marquez abgegangen. Ehe sich das Schiff nach mehrmonatlichem Aufenthalt in der Delagoabucht auf seine ostasiatische Station begab, machte es über die Seychellen einen Abstecher in den Persischen Meerbusen, dessen Eingang es am 5. August 1895 gewann. Auf den Reeden von Mubâraki (Bâraki) und Bûschar wurde geankert, im Hafen von Bassra ein mehrtägiger Aufenthalt genommen und auf dem Rückweg Fau und wiederum Bûschar angelaufen, wo am 12. August die Anker gelichtet wurden. Schon am zweiten Tage darauf war die Strasse von Harmûs durchlaufen und der Aufenthalt im Meerbusen beendet. Wie ich aus dem meteorologischen Journal des Kreuzers ersehe, das der Abtheilungsvorstand der Deutschen Seewarte, Herr Kapitän Dinklage, mir gütigst einzusehen gestattete, sind während dieser zehntägigen Fahrt keine neuen Beobachtungen über Morphologie oder Ozeanographie des Meerbusens gemacht worden. Auch die meteorologischen Aufzeichnungen des Tagebuchs entsprechen durchaus den Angaben, die der holländische Generalkonsul Baron Keun de

Hoogerwoerd in den Annalen für Hydrographie und die deutschen Kapitäne Wolkowitz und Hansen, Kommandanten des persischen Avisos Persepolis, in den Deutschen überseeischen meteorologischen Beobachtungen veröffentlicht haben. Der Wind war meist Schamâl, also vorherrschend aus NW und W, seltener SE, aber die Luftbewegung war nur sehr gering, nie Windstärke 3 (Beaufort) übersteigend, wie überhaupt nach einem alten Seemannswort im Persischen Meere entweder zu viel oder zu wenig Wind ist. Die Temperatur der Luft entsprach, zwischen 31,6° und 38,5° C schwankend, den normalen Verhältnissen, während die der Meeresoberfläche sich auch Nachts dauernd auf einer Höhe zwischen 30° und 33° C hielt, also weit über das der geographischen Breite zukommende Maass hinausging. Der Thaufall war sehr bedeutend. Auffällig war das Vorkommen von Walen, die in grösserer Zahl noch unter 27° N im Innern des Meerbusens gesichtet wurden. Der Merkwürdigkeit halber sei noch erwähnt, dass der Kommandant des türkischen Forts Fau am Schatt al Arab den Salut des einlaufenden Kreuzers anfangs nicht in üblicher Weise unter Heissen der zu grüssenden Flagge erwidern konnte, da die dort zu Lande noch nie gesehene deutsche Kriegsflagge sich nicht in seinem Besitz befand. Er musste, um den schuldigen Gegensalut noch nachträglich ausführen zu können, erst ein Boot längsseit schicken und um Ueberlassung einer Flagge bitten.

2. In letzter Stunde kommt mir durch die liebenswürdige Vermittlung des Herrn Stadtbibliothekars Dr. Ebrard die schöne Ausgabe eines türkischen Segelhandbuchs für den Indischen Ozean zu Gesicht, die die K. K. Geographische Gesellschaft in Wien als Festschrift zur Vasco da Gama-Feier kürzlich veranstaltet hat.[1]) Es handelt sich um den „indischen Seespiegel", den Sseidî Ali ben Hussein, der Admiral des Sultans Ssulimân des Ersten, auf Grund eigener ausgedehnter Reisen und nach Erkundigungen bei arabischen Lootsen im Jahre 1554 verfasste. Da dieser befahrene türkische Seemann bei dem Versuch, den Portugiesen die Stadt Diû wegzunehmen, mit seiner Flotte auch den Persischen Meerbusen aufsuchte, hätten seine Angaben in dieser Arbeit Berücksichtigung finden können. Vor allem aber wären die gelehrten einleitenden Abschnitte, die Tomaschek der Uebersetzung der Segelanweisung beigegeben hat, mit Nutzen für die geschichtlich-geographische Untersuchung des Golfs zu verwerthen gewesen; auch das orientalische Namenverzeichniss hätte daraus die eine oder andere Ergänzung und Berichtigung erfahren. Jetzt kann ich nur auf diese hervorragende Veröffentlichung hinweisen als auf eine reiche Quelle für die Erforschung morgenländischer Seefahrtskunde im ausgehenden Mittelalter.

---

[1]) Die topographischen Capitel des indischen Seespiegels Muhiṭ, übersetzt von Dr. Maximilian Bittner, mit einer Einleitung sowie mit 30 Tafeln versehen von Dr. Wilhelm Tomaschek. Wien 1897.

Lebenslauf des Verfassers.

Ich bin geboren am 26. October 1870 zu Berlin als Sohn des 1886 in Hamburg verstorbenen Gymnasialdirectors Professors Dr. Hermann Genthe und seiner Frau Luise, geborenen Zober, Tochter des kgl. Landbaumeisters im preussischen Kriegsministerium Carl Zober. Erzogen wurde ich in Frankfurt a. M., Corbach in Waldeck, Duisburg a. Rh. und seit 1881 auf dem Wilhelm-Gymnasium zu Hamburg, wo ich im Herbst 1889 das Reifezeugniss erhielt. Auf der Universität Jena studirte ich zunächst romanische, englische und deutsche Philologie, setzte nach drei Semestern dieses Studium in München fort, unterbrach dann aber den regelmässigen Bildungsgang durch einige Reisen, die mich nach Oesterreich, Ungarn, Italien, der Schweiz, Frankreich, Egypten und Indien führten. Diese letzte grosse Reise unternahm ich in Begleitung des Zamíndárs von Atia, Nawáb Abú Ahmad Ghaznavi Khán Bahádur, der mir Gelegenheit gab, Indien mit Bengalen, Audh, den Nordwestprovinzen, dem Pandscháb und Rádschputâna bis hinunter nach Bombay kennen zu lernen. Nach meiner Rückkehr widmete ich mich von Ostern 1893 ab in Marburg anfangs wieder sprachlichen Studien, besonders unter freundlicher Anleitung von Geheimrath Professor Ferdinand Justi der persischen Sprache und Literatur, ging dann aber ganz zur Geographie über, angeregt durch die Vorlesungen von Professor Theobald Fischer, dem ich für die lebhafte Theilnahme an meiner Ausbildung und die werthvollste Anleitung und Anregung bei meinem Studium zu dauerndem Dank verpflichtet bin. Am 6. August 1896 bestand ich magna cum laude das examen rigorosum, am 1. October trat ich als Einjährig-Freiwilliger bei der Ersten Matrosenartillerie-Abtheilung in Friedrichsort ein.

Vorlesungen habe ich im Laufe meines Studiums bei folgenden Herren Professoren und Docenten gehört. In Jena bei den Herren: Behrens, Binswanger, Gaedechens, Klopfleisch, Kluge, Liebmann, Litzmann, Meyer, Pierstorff, Schmiedel, Schrader — in München: Boveri, Breymann, Carrière, Golther, Köppel, Muncker, Pauly, von Riehl, Stegmann, Stumpf, Stürzinger, Wasserrab — in Marburg: Doutrepont, von Drach, Feussner, Fischer, Justi, Kayser, Petit, Schroeder, Stengel, Tilley, Tuczek, Vietor, Wrede. Allen genannten Herren fühle ich mich zu grossem Danke verpflichtet.

Siegfried Genthe.